U0605892

亲近母语

中文分级阅读标准

（修订版）

亲近母语研究院 ————— 著

中信出版集团 | 北京

图书在版编目（CIP）数据

亲近母语中文分级阅读标准 / 亲近母语研究院著
. -- 修订版 . -- 北京：中信出版社，2024.1（2025.8 重印）
ISBN 978-7-5217-5855-9

Ⅰ．①亲… Ⅱ．①亲… Ⅲ．①阅读课 - 教学研究 - 学
前教育②阅读课 - 教学研究 - 中小学 Ⅳ．① G613.2
② G633.332

中国国家版本馆 CIP 数据核字（2023）第 121846 号

亲近母语中文分级阅读标准（修订版）

著　　者：亲近母语研究院
出版发行：中信出版集团股份有限公司
　　　　　（北京市朝阳区东三环北路27号嘉铭中心　邮编　100020）
承 印 者：北京盛通印刷股份有限公司

开　　本：889mm×1194mm　1/32　　　　印　　张：5.25　　　字　　数：110千字
版　　次：2024年1月第1版　　　　　　　印　　次：2025年8月第2次印刷
书　　号：ISBN 978-7-5217-5855-9
定　　价：38.00元

出　　品：中信儿童书店
图书策划：喜阅童书
策划编辑：朱启铭
责任编辑：朱启铭　　　营　　销：中信童书营销中心
封面设计：姜婷　　　内文排版：杨兴艳

版权所有·侵权必究
如有印刷、装订问题，本公司负责调换。
服务热线：400-600-8099
投稿邮箱：author@citicpub.com

目 录

中文分级阅读，是指根据儿童的认知水平和阅读能力，为其提供合适的中文读物，并给予适当的阅读指导和建议。

21世纪初，随着国家经济实力的增强，国际童书出版和推广交流的日益增长，国民消费能力的逐步提升和对优质教育的需求不断加强，国内的儿童阅读逐渐兴起。在经历了近20年的童书出版、亲子阅读、校园儿童阅读、幼儿园阅读推广和实践之后，国内对中文分级阅读的需求日益增长，中文分级阅读的研究和实践也随之展开。

如何借鉴国际分级阅读，在国家坚定文化自信、加快科技发展、实施全民阅读战略、整体提高国民素养的大背景下，建立根植于本土的科学的中文分级阅读标准与应用体系，更好地引导和促进国内与国际中文分级阅读的研究、发展和应用，已是当务之急、大势所趋。

亲近母语，作为一个著名儿童阅读推广机构与母语教育品牌，20多年来，一直聚焦中文分级阅读的研究与实践。2001年，亲近母语发布国内第一个小学生分级阅读书目。2007年，亲近母语出版儿童诗歌分级诵本《日有所诵》(1—6年级)，并先后出版了"中文分级阅读文库"(1—9年级，共108册)、"小步乐读·儿童中文分级阅读"(2—6岁，共96册)等分级阅读图书。

2015年起，亲近母语致力于探索数字化和互联网时代的中文分级阅读产品和服务。2016年，亲近母语正式立项中文分级阅读标准的研发。2020年，亲近母语信息技术研究院成立，为中文分级阅读标准的研制提供了大数据与数字化支持，并进行了更为深入的国际扫描、理论研究、产品研发，以及推进在校园端和家庭端的应用和实践。

2021年6月，亲近母语基于20年的儿童阅读研究、推广和实践，在充分研究英文分级阅读、研发和实践中文分级阅读的基础上，正式推出我国，也是华语地区第一个公开出版的，适用于0—18岁儿童的中文分级阅读标准——《亲近母语中文分级阅读标准》。这是亲近母语对中文分级阅读标准所做的一次系统建构和表述。

《亲近母语中文分级阅读标准》致力于解决"不同阶段、不同素养的儿童读什么、如何读，达到什么目标"的问题。希望帮助儿童、家长、教师和阅读行业从业人员，选择合适的童书，并进行不同场景、不同目标的阅读分享、互动和阅读指导、阅读教育，力求为家庭场景下的亲子共读，幼儿园和中小学阶段校园的阅读指导，童书出版机构与图书馆、社区等组织的面向儿童的阅读活动，提供一个普适的、可操作的标准。

亲近母语认为，中文分级阅读不仅仅是对图书的难易度进行分级，还应根据中国儿童的认知水平和阅读能力，为其提供合适的中文读物，并给予适当的阅读指导和建议，以提升儿童的中文阅读素养，促进他们的人格发展与精神成长。因此，《亲近母语中文分级阅读标准》不仅包含文本分级标准，更核心的在于包含中国儿童的阅读素养发展标准。

《义务教育语文课程标准（2022年版）》规定了每一个儿童义务教育阶段应该达到的阅读目标，这是国家层面语文课程内的阅读标准。亲近母语研制的阅读素养发展标准，是以每一个儿童应该达到的阅读素养标准为基础，通过为儿童提供合适的读物和相应的阅读指导、阅读教育，制定儿童可以达到的阅读素养标准，即发展性阅读素养标准；并在制定针对群体的普遍性标准的基础上，探索针对个体儿童如何进行科学的阅读素养测评和指导。

制定中文分级阅读标准的最终目标，在于培养有广泛的阅读兴趣、良好的阅读习惯、较高的阅读素养和终身学习能力的自主阅读者，为中国培养能够担当民族复兴大任的时代新人，为未来社会培养完整而和谐发展的人。

本标准由徐冬梅老师领衔研制，于2021年6月首次出版，受到了儿童阅读、语文教育、童书出版等各界的广泛关注与普遍赞誉，目前已历经两年多的实践应用。亲近母语在积极收集家长与一线教师反馈的基础上，邀请多位专家学者进行了细致的审读。

教育部基础教育课程改革专家委员会委员、中小学教材审查委员成尚荣，著名儿童文化学者、中国海洋大学教授朱自强，南京师范大学文学院教授、博士生导师谈凤霞，华中师范大学文学院教授、博士生导师张岩泉，南京大学教授、博士生导师徐雁，南京晓庄学院幼儿师范学院实践教学教研室主任华希颖，等等，均在认真审读的基础上给予了专业的指导与建议。

郜云雁、伍松、张守礼、王剑、胡志远分别从教育媒体、教育公益、学前教育等领域提出审读建议，亲近母语总课题组核心成员周益民、郭史光宏、朱爱朝、刘颖、付雪莲、孔晓艳、邵龙霞、丁云、吉忠兰、余惠斌、徐莉莉、张建军、舒凯等从一线的教学实践出发，给出了反馈意见。我们结合上述意见和建议，对《亲近母语中文分级阅读标准》进行首次修订。

本次修订主要从结构和内容两方面做了调整。结构上，增加修订版前言，对本书的基本内容、写作意图、研著过程、应用价值等做简要介绍，便于读者了解本书的大致情况。内容上，主要优化了核心标准，并进一步强化阅读方法、阅读策略、阅读能力、阅读素养等概念的界定和区分。此外，更新中文分级阅读领域最新的科研、产品动态。同时，参照《义务教育语文课程标准（2022 年版）》，更新了本书所引用和概括的课标内容。

《亲近母语中文分级阅读标准》，来自亲近母语 20 年儿童阅读推广的研究与实践。我们希望为行业、为国家制定中文分级阅读标准抛砖引玉。我们希望和更多同道开展广泛的合作，共同携手，促进行业的整体发展，建立科学的、根植于中国社会、文化、教育、语言情境的中文分级阅读标准和应用体系。

英文分级阅读标准和体系，经过了 100 多年的发展。中文分级阅读的研究和实践，只有短短的十多年时间。制定中文分级阅读标准，是一项艰苦、复杂并具有开创性的工作。这项研究，需要以童书创作和出版、儿童心理学、儿童阅读、语文和文学教育、语言学、中文信息处理、大数据等多方面的理论和实践为基础。因此我们发布的《亲近母语中文分级阅读标准》，是一个开始，也是一次积极的探索，欢迎各界朋友批评指正和提出完善意见。

最后，我们对所有研制人员、审读专家，以及来自一线的优秀教师和阅读推广人的建议、反馈表示衷心的感谢。也特别感谢中信出版集团、中信童书对本标准的修订和出版给予的支持，以及对儿童中文分级阅读事业的促进和贡献。

亲近母语研究院

2023 年 5 月

亲近母语中文分级阅读标准研制的背景和意义

儿童阅读的兴起和发展

阅读是一个复杂的行为与心理过程。广义地说,阅读是人类理解符号,而获取意义的过程。狭义的阅读,专指人类理解文字、图像等信息的过程。从功能上说,阅读是人类最主要的认知方式,是人类获取信息知识最重要的手段,也是人类提升智慧、促进个人精神成长的精神活动,在人类文明的发展中有着不可替代的作用。

对儿童来说,阅读不仅是儿童学习语言的核心环节,也是他们认识世界、获取知识、发展思维、情感熏陶的重要途径,还是文化传承的重要方式。阅读素养是个体精神成长和未来社会生存发展必备的核心素养之一。提高儿童阅读素养,是提升国民素质,促进民族发展,提升国家未来竞争力的重要路径。

20 世纪六七十年代以来,世界各国,尤其是发达国家,都将儿童阅读上升到了国家战略的高度,制定了一系列推动儿童阅读的政策和制度。1996 年，美国克林顿政府发起"美国阅读挑战"运动；2002 年，美国布什总统签署了《不让一个孩子掉队》法案，专门就阅读问题制订了包括从学前班到小学 3 年级的"阅读优先"计划；1998 年，英国发起"全国阅读年"活动；日本将 2000 年定为"儿童阅读年"……越来越多的国家不仅把儿童阅读作为国家基础教育改革的重点，同时把儿童阅读作为奠基未来的重要战略。

20 世纪末，我国开始积极推动儿童阅读的发展。1997 年，中共中央宣传部、文化部等部门联合提出建设主题为"倡导全民读书，建设阅读社会"的"知识工程"。梅子涵、曹文轩、朱自强、彭懿、王泉根等诸位儿童文学作家、儿童文学研究者，在中国率先推广儿童阅读，为新世纪中国儿童阅读推广的蓬勃发展奠定了基础。

21 世纪，随着经济的发展，儿童阅读的发展也日趋繁盛。2000 年，全国知识工程领导小组将每年的 12 月份定为"全民读书月"，激发了全民读书的热情；2001 年，我国开始进行第八次基础教育课程改革，明确规定九年义务教育期间学生课外阅读总量要达到 400 万字以上。在此前后，红泥巴读书俱乐部、亲近母语、新教育实验等先后成立，为推动儿童阅读、构建书香校园付出了艰苦的努力，取得了显著的成果。

2004 年，中国图书馆学会在全国范围内组织"世界读书日"活动。2004 年 9 月，首届中国儿童阅读论坛暨亲近母语教育研讨会在扬州举办，会上发表了《中国儿童阅读宣言和行动纲领》。2006 年，亲近母语第二届儿童阅读论坛发出设立"中国儿童阅读日"的倡议。2007 年，亲近母语第三届儿童阅读论坛召开，来自出版界、语文教育界、儿童文学界等社会各界的人士共同就儿童阅读问题进行探讨。

2006 年以来，全民阅读、儿童阅读推广的蓬勃发展，深刻影响了学校教育、亲子教育、童书创作和出版，以及基础教育课程改革和国家全民阅读规划的制订。对儿童阅读更高的需求——基于不同年龄段儿童心理和认知特点的分级阅读的探索和实践，也在此背景下悄然兴起。

中文分级阅读的探索与实践

分级阅读（Leveled Reading），是从儿童的身心发展规律出发，选择、提供适合儿童不同发展阶段的读物，并指导儿童如何阅读的一种方式和促进手段。

现代意义上的分级阅读理念、方法和体系主要来源于西方。1836 年，威廉·麦加菲开发了第一套供社会广泛运用的分级阅读标准，并出版了著名的分级读本——麦加菲读本。经过 100 多年的研究和实践，美国和英国等国家形成了有影响力的几大英文分级阅读体系。如蓝思分级阅读体系（The Lexile Framework for Reading）、指导性阅读分级体系（Guided Reading Levels）、阅读促进计划（Accelerated Reader）、阅读发展评价（Developmental Reading Assessment）等。

这些英文分级阅读体系在各个领域都有着丰富的应用和实践。比如出版商会在出版物上标注阅读的难度级别；研制分级阅读体系的机构会提供测试，检测读者的阅读水平，同时推荐适宜的读物；学校会根据分级阅读标准制订详细的图书阅读计划，并根据计划向家长和孩子推荐适合特定学生群体或个体阅读的书籍；图书馆会根据分级阅读标准为孩子们选择图书，并开展丰富的阅读活动；很多家庭也会根据不同的标准为孩子们选择童书，进行亲子共读。

中文分级阅读的研究和实践，是中国儿童阅读逐渐发展的自然结果。经过最初阶段的儿童阅读推广，家长、老师逐渐认识到儿童阅读的重要性，并开始在家庭和班级内开展阅读实践。但如何给孩子提供更适合的图书和更具针对性的阅读指导，成了儿童分级阅读亟须解决的问题。

2001 年，亲近母语发布了国内第一份"小学生分级阅读书目"。2016 年，正式发布"亲近母语分级阅读书目（0—12岁）"，并坚持每年修订完善，很多学校和老师将其作为图书馆采购和向家长优先推荐的书目。

2007 年开始，亲近母语出版儿童诗歌分级诵本《日有所诵》，并通过开发儿童诵读课程，使其在幼儿园、小学和初中，都得到了广泛应用，逐渐形成了一个比较完善的诗歌分级诵读和指导体系。

2009 年 5 月，接力出版社成立了接力儿童分级阅读研究中心，并相继推出《中国儿童分级阅读倡议书》《儿童心智发展与分级阅读建议》《中国儿童分级阅读参考书目》。2009 年 6 月，南方分级阅读研究中心研发了《中国儿童青少年分级阅读内容选择标准》和《中国儿童青少年分级阅读水平评价标准》。2010 年，新阅读研究所成立，先后发布了《中国小学生基础阅读书目》《中国幼儿基础阅读书目》《中国中学生基础阅读书目》等。

2009 年，上海首次参加由经济合作与发展组织发起的国际学生评估项目（Programme For International Student Assessment，以下简称 PISA）测试。PISA 测试评估主要分为 3 个领域：阅读素养、数学素养及科学素养。中国学生在 3 项测评中均拿了第一，引发了各界对 PISA 和阅读素养的关注。

2010 年，亲近母语参照 PISA 和国际阅读素养进展研究项目（Progress in International Reading Literacy Study，以下简称 PIRLS）两大国际阅读素养评测体系，研发出版《阅读力测试》。

2013 年，上海教育委员会教学研究室，在参加和开展 PISA 评测的基础上，启动了"上海市中小学汉语分级阅读标准研制"项目，并于 2016 年出版了《上海市中小学汉语分级阅读标准研究报告——阅读能力分级》。自 2016 年 12 月起，项目团队启动上海市中小学汉语阅读文本分级标准的研制。

2014 年，首都师范大学儿童文学教育研究基地主任王蕾博士带领团队，承担了教育部规划基金项目"分级阅读与儿童文学教育研究"。2019 年，在第六届北京国际儿童阅读大会上，王蕾博士发布了历时 3 年的研究成果——《母语儿童文学分级阅读标准》，但标准原文未公布。

2015 年 4 月，亲近母语主办的第十一届中国儿童阅读论坛在南京举行。中国台湾联合大学系统原校长、美国宾夕法尼亚州立大学认知心理学博士曾志朗先生，著名儿童文学作家梅子涵教授，著名儿童文化学者朱自强教授，等等，与小学语文教育名家一起，全面探讨了儿童阅读的分级和教育实践。2016 年 11 月，亲近母语举办第七届儿童母语教育论坛暨亲近母语教育研讨会。以"儿童阅读素养测评和语文教育课程改革"为主题，来自美国的阅读评测专家与中国有关专家汇聚一堂，深入探讨儿童阅读素养测评的理论和实践方法。

2018 年 4 月，亲近母语完成中文分级阅读标准初稿，在第十四届中国儿童阅读论坛发布《母语背景下的儿童中文分级阅读》研究报告，并发布了中文分级阅读互联网产品——小步读书（1.0 版）。

2020 年 6 月，亲近母语与华南师范大学教师教育学部合作推出中文分级阅读标准指导下的"儿童阅读师资能力认证"项目。

2020 年 8 月，亲近母语基于中文分级阅读标准，根据不同年龄段儿童的认知与心理特点，以及儿童阅读能力和素养发展的要求，精选 108 本经典的文学与人文百科作品，出版了"中文分级阅读文库"（1—9 年级）。

2021 年，亲近母语第一个公开出版中文分级阅读标准——《亲近母语中文分级阅读标准》，受到了业界的广泛关注。同年，北京大学和人民教育出版社联手研制的"儿童分级阅读文本难度测评系统"发布。

2022 年 11 月—2023 年 8 月，亲近母语和中信出版集团合作出版"小步乐读·儿童中文分级阅读"（2—6 岁，共 96 册）。该书定位为一套真正适合中国孩子的分级读物，从中国孩子的生活、认知、情感出发，以天地人文架构孩子认知世界的知识框架，让孩子在亲子共读中，感受母语的韵律，享受阅读的乐趣。并在不断反复的阅读中，让幼儿自然而然地认识最基本的 520 个汉字，丰富幼儿的情感和认知，为孩子打下中国根基。同时，配有听读、跟读、闯关、阅读报告等线上配套服务。

此外，经过多年的探索和积累，亲近母语建立了规模庞大的儿童语料库，并在建构过程中综合考虑了各年龄段语料占比、语料类型、篇幅和主题等维度。基于语料统计结果，采用大数据分析和人工智能、专家核验相结合的研究方法，亲近母语正在深入研究汉字分级和语汇分级，力求在中文分级阅读体系下，建立更为科学和精确的文本分级。

随着研究和实践的深入，亲近母语的中文分级阅读标准和相关应用产品在不断升级和完善中。

除了出版、研究、教育机构等的积极探索，在宏观层面，国家也不断出台相关政策、行业标准等，旨在推广和鼓励儿童分级阅读体系在中国的建立。

2011 年，国务院颁布《中国儿童发展纲要（2011—2020年）》，首次从国家层面明确提出："推广面向儿童的图书分级制，为不同年龄儿童提供适合其年龄特点的图书，为儿童家长选择图书提供建议和指导。"

2016 年，国家新闻出版广电总局印发《全民阅读"十三五"时期发展规划》，指出要"加强对少儿阅读规律的研究和运用，科学研究不同年龄、不同群体、不同性别少年儿童的智力、心理、认知能力和特点，借鉴国外阅读能力测试、分级阅读等科学方法，探索建立中国儿童阶梯阅读体系，加快提高我国少年儿童的整体阅读水平"。

2023 年 2 月 24 日，国内首个儿童分级阅读团体标准《3—8 岁儿童分级阅读指导》在北京发布。但标准原文未公开发布。

随着互联网的快速发展和智能手机的普及，中文分级阅读的数字化探索也不断深入。主要集中在分级阅读网站、App、社交媒体、微信小程序等虚拟介质，以及一些电子阅读器、可穿戴设备、智能音箱等实体介质。涌现出考拉阅读、有道阅读、三叁阅读、攀登阅读、小步读书等中文分级阅读数据平台，它们依托人工智能、大数据挖掘、深度学习等技术，通过在线测评，为不同阅读能力的孩子匹配适合的文本，有针对性地提升孩子的阅读能力。

中文分级阅读标准研制的意义和价值

中文分级阅读是在国家实施全民阅读战略，整体提高国民素养的大背景下展开的，是 21 世纪初以来，儿童阅读研究和实践的深化。

2006 年以来，中国的童书创作和出版进入了高速发展的时期，但关于分级阅读的理论建设还处于探索期。这些书适合多大的孩子，什么样阅读水平的孩子阅读；如何让分级阅读更好地进入家庭、学校、图书馆和各级各类的阅读馆、教育机构，这些都是亟待解决的问题。社会各界也呼唤一个相对科学的中文分级阅读标准，来更好地推动童书的创作、出版，以及不同应用场景下的儿童阅读推广和阅读指导。

中文分级阅读标准的研制，将有利于童书的创作、出版和推广

1. 童书作家和童书出版从业者，通过对文本分级标准的了解，能够更有针对性地创作、出版适合不同阶段孩子阅读的童书，让图书的内容、主题和孩子的距离更近，匹配性更高。

2. 通过对儿童阅读素养标准的了解，可以在教育类图书中，适当增加一些有针对性地提升儿童阅读素养的方法和策略。让孩子不仅能享受阅读带来的乐趣，得到精神层面的阅读

滋养，更能获得切实的阅读素养的综合提升。

3.在童书的推广过程中，只有更准确地了解文本对于孩子的难易程度，以及某个阶段儿童应该具有的阅读素养，才能更科学有效地为孩子提供匹配的阅读推荐和指导。

中文分级阅读标准的研制，将有利于在不同的应用场景下，更好地实践和推广儿童阅读

1.家庭场景

从儿童的成长历程来看，起首要作用的就是家庭中的亲子阅读。

家庭是每个儿童成长的摇篮。10岁之前的阅读和教育，对儿童的终身发展起着至关重要的作用。在家庭中，多以家长早期的陪伴性阅读、亲子共读和儿童的自主阅读为主。

不同年龄、不同家庭背景、不同个性的儿童，其阅读动机、阅读兴趣和阅读能力千差万别。但年轻的父母很难有机会接受专业、优质的亲子阅读指导。科学的中文分级阅读标准和儿童阅读指导体系，将对提高父母的整体素质和亲子阅读水准，建设书香家庭，培养儿童人生初期的阅读兴趣和习惯起到重要的作用。

2.学校场景

在学校场景中，则需要配备丰富的童书，开展各种阅读活

动，构建体系化的阅读课程，教师依据学生的阅读水平与发展状况，实施相应的阅读指导，促进学生学习阅读，并用阅读去学习。

在国家全民阅读政策的倡导下，在亲近母语、新教育实验、百班千人、班班共读等众多机构的推动下，很多学校和教师开展了丰富的儿童阅读实践。但如何评定每个儿童的阅读能力和阅读素养，如何帮助孩子选择更优质、更丰富的童书，如何更好地促进儿童的自主阅读，如何为不同年级、不同水平、不同爱好的学生提供更科学、更具个性化的阅读指导，仍是需要研究和深化解决的问题。对此，中文分级阅读标准对于开展书香校园的建设，以及培养具有专业素养的儿童阅读师资具有重要的指导意义。

3. 社会场景

在公共政策和事业层面，中文分级阅读标准的研制将有利于国家相关政策的制定与实施，以及广泛性阅读活动的策划和开展。

2023 年教育部等八部门在关于印发《全国青少年学生读书行动实施方案》的通知中，明确提出要营造出良好的社会读书氛围："要把青少年学生读书行动开展情况和实际成效作为文明城市、文明校园创建和学校教育质量评价的重要内容……大力营造持续深入开展青少年学生读书行动的良好环境和浓厚氛围。"该通知的发布将极大促进社会各界对青少年读书行动的支持，推动儿童阅读的发展。除了国家政策层面，儿童阅读也需要社会机构的广泛参与和支持。首先是一些专业机构，如阅读馆、图书馆、绘本馆、童书馆等，这些机构具有较丰富的阅读指导经验，但它们仍需要更为专业系统的分级阅读指导，才能更好地服务孩子。其次是社区阅读，社区阅读通过开展多样的阅读活动，营造出"爱读书、读好书、善读书"的文化氛围。再次是利用公共文化场所和各类媒体，开展领读指导。最后是公益层面，为缺乏图书的儿童提供相应的分级阅读读物和阅读指导。

中文分级阅读标准的研制，将为这些社会机构的阅读服务与指导提供专业的支持，从而更好地将读书行动与学校教育教学、课后服务活动和学生日常生活、社会生活紧密有机地结合起来，真正推动社会阅读的有效开展。

4. 数字化场景

数字时代的到来，必然也会影响到儿童阅读。纸质图书的阅读和数字化阅读正在逐渐走向融合。今天的儿童已经是互联网的原住民，数字化、游戏化、个性化阅读将会是儿童阅读发展的新趋势。但是阅读的载体变了，阅读的方式变了，对孩子阅读能力和素养的要求并没有太大变化，数字化阅读依然需要以科学的中文分级阅读标准作为支持。

西方的分级阅读研究及分级阅读体系已经有了近 200 年的发展，中文分级阅读的研究只有 20 年左右，关于中文分级阅读的理论建设还处于探索期。我们期待更多的机构来参与研发和完善，并在实践中应用，从而更有效地推动和指导中文分级阅读体系的建构和发展，为孩子选好书，读好书，推动青少年阅读走向深入，走向未来。

亲近母语中文分级阅读
标准研制的核心理念

亲近母语中文分级阅读标准的制定，主要遵循以下三大原则：

图 1　标准制定三大原则

儿童性：尊重儿童身心发展规律

面向儿童的分级阅读，首先就要树立现代的儿童观，切实了解儿童的身心发展规律，尊重不同发展阶段儿童的生命状态。

人类对儿童的认识是一个漫长的过程。在古代社会，无论是东方还是西方，人们普遍以成人的标准来要求儿童，认为儿童就是"小大人"，而忽视儿童自身的独立人格与身心特点。

在中国古代，从老子的"常德不离，复归于婴儿"，到孟子的"大人者，不失其赤子之心者也"，到王阳明的儿童观，"大抵童子之情，乐嬉游而惮拘检，如草木之始萌芽，舒畅之则条达，摧挠之则衰痿。今教童子，必使其趋向鼓舞，中心喜悦，则其进自不能已"，再到李贽的"童心说"，都可以看到中国哲学对儿童的认识具有儿童本位的萌芽。但在古代中国，这些"儿童本位"的观点并没有成为主流。

在西方，卢梭被认为是第一个真正"发现儿童"的人。他对"童年的发现"被誉为文艺复兴最伟大，也"最具人性"的发明之一。"童年的发现"成为近现代教育的标志，卢梭也因此被誉为近现代儿童教育立场、观念和方法的鼻祖。"把儿童看作儿童"，是卢梭儿童观的核心。他明确指出，儿童是与成人完全不同的独立存在，儿童时代绝不是成人的预备，而是具有自身的价值："在人生的秩序中，童年有它的地位；应当把成人看作成人，把孩子看作孩子。"

继卢梭之后，随着心理学的发展以及儿童心理学的建立，人们对于儿童的认识逐步深入，尊重儿童的呼声越来越高。许多著名的教育家，比如蒙台梭利和杜威等，都强调尊重儿童，提倡以儿童为中心的教育。20 世纪被称为"儿童的世纪"。

从晚清到五四运动时期，西方儿童观开始影响中国，杜威的思想影响尤为深远。在教育领域，陶行知和陈鹤琴都提出尊重儿童、解放儿童的口号和见解。在文学领域，"童心崇拜"成为一个重要的文化现象，以丰子恺为代表，他认为"童心"是人类完美人格的基础。包括鲁迅在内的一批重要作家都致力于发展现代儿童文学。周作人建构起一种崭新的"儿童"观念。他认为："儿童在生理心理上，虽然和大人有点不同，但他仍是完全的个人，有他自己的内外两面的生活。"在当时，这确实是一个划时代的新理念。现当代中国，随着儿童文学的开拓和儿童阅读的开展，人们对儿童的认识逐渐深入。

亲近母语在研究、学习、内化古今中外的儿童观的基础上，逐渐建立了儿童本位的教育观。其核心观点为：

1. 儿童是人生发展的独特阶段，儿童拥有自己独特的文化和思维。儿童是正在发展中的"人"，而不是"小大人"。

2. 儿童在不同的发展阶段，在认知、情感、思维等方面，拥有不同的特点。

3. 每一个儿童都是独特的生命个体，拥有不同的生命特质和个性。

为了更好地描述儿童在不同时期的特点，我们还要明确儿童的概念以及儿童的年龄界限。我国对儿童的定义比较模糊，对儿童年龄界限的划分也不尽相同。对儿童的概念界定，主要采用联合国大会制定和决议通过的《儿童权利公约》中的规定："儿童系指 18 岁以下的任何人。"在我国，对儿童有多种称呼，如"少年儿童""青少年""未成年人"等，本文均以"儿童"统一称谓。在研究和参考了大量的发展心理学、脑科学、教育学等相关领域的著作，并结合我国的普遍学情之后，我们将儿童的年龄划分为不同的时期，包括："0—3岁""3—6岁""小学早期""小学中期""小学后期""初中期""高中期"。每个时期，儿童的身心发展特点都是不同的，适合阅读的文本自然也各有不同。

第一个时期是0—3岁

这一时期，儿童的大脑发育速度最快。1岁的时候，儿童的脑重已经接近成人脑重的60%；2岁时，儿童的脑重约占成人脑重的75%；到3岁时，儿童脑重已接近成人的脑重范围，脑细胞组织已经形成了大半，之后儿童脑重的增长速度减缓。特别是2—3岁这个阶段，是儿童脑神经发育的高速期，儿童大脑神经元的数量达到顶峰，甚至比成年人还多。如果这些神经元没有接收到外界的刺激，则会慢慢消退。所以，这一时期带儿童开展早期阅读，能充分促进他们大脑的发育。

1岁前，婴儿的口头语言开始孕育和发生。一般八九个月大的时候开始咿呀学语，十四五个月时开始说话。2岁左右，儿童进入第一个语言爆发期，喜欢模仿。3岁左右，儿童能掌握基本的生活口语。这个阶段还是儿童的"听力敏感期"。

2 岁左右，儿童的自我意识开始萌芽，这是他们正确认识自我的初始期。他们常常会说"不""我""我的"，不愿意和别人分享自己的物品，甚至不听家长的话。

2—3 岁这个阶段，也是儿童的"秩序敏感期"，这个阶段的孩子开始对自己的身体产生好奇，有了性别意识，能慢慢发现自己和异性伙伴之间的不一样。

除此之外，0—3 岁孩子的大动作发展，以爬、走、蹦、跑、跳为主依序发展；孩子的精细动作与手眼协调能力也逐渐加强；开始认识家庭成员和简单的家庭关系，对大人有强烈的依赖；会有这样那样的小情绪；逐渐从家庭走向集体，渴望同伴关系；等等。

第二个时期一般指 3—6 岁

这个时期，是儿童右脑发育的黄金期，是孩子培养感性思维能力、专注力、观察力、好奇心、想象力和创造力的重要阶段。

这个年龄段的儿童一般会进入幼儿园。由家庭到幼儿园的环境变化，让儿童容易产生不安的情绪。

随着儿童年龄的增长，他们的动作技能提高得非常迅速，需要发展很好的平衡能力；同时，儿童的手眼协调能力和对小肌肉的控制能力也在迅速提升，使得他们可以做更复杂的动作。

此时儿童的自我意识发展较快，想要摆脱成人的约束，独立去做一些事情。这个阶段的儿童不仅更擅长学习，也开始尝试控制自己的行为和情绪。

这个时期的儿童进入了语言发展的黄金期。他们已经掌握了许多词汇，并能运用这些词汇表达自己的想法。在交流中，他们所说的句子结构变得越来越复杂，不过简单句仍占具相当大的比重。

语言和思维的发展，使这个时期的幼儿对外部世界和自我产生了浓厚的兴趣。

第三个时期是小学早期，一般指小学 1、2 年级

1、2 年级是小学生活的起始学段，在学习和各种实践活动中，儿童的认知能力和自我意识等都有了较大的发展。

这个阶段的儿童，一般在 6—7 岁，还处于懵懂期。他们刚成为小学生，好奇心强，喜欢模仿，感性思维为主，想象力丰富。

1 年级是儿童有计划地学习母语的起始阶段。这一阶段儿童的生活口语已经基本成熟，可以使用连贯、有层次的语言，叙述一件完整的事情。他们的书面语言也有了一定的发展，但落后于口头语言的发展。

1、2 年级是儿童自主阅读的起步阶段，他们的识字量还很有限，可通过听读、鼓励儿童自己大声朗读的方式，激发儿童的自主阅读兴趣。

此外，小学早期的儿童正处于从幼儿园到小学，新的师生关系、伙伴关系的建立期。他们对更大范围的世界有更多的好奇和探索的兴趣。

第四个时期是小学中期，一般指小学 3、4 年级

这是儿童成长中的一个重要转折期，他们正处于从形象思维向抽象思维过渡的阶段，逐渐知道怎样观察和思考，怎样运用知识去解决问题。

他们模仿性强，自我意识逐渐发展，处于自我确立的重要阶段，部分儿童表现出想要独立和摆脱成人控制的欲望。不过自觉性、主动性、持久性还比较弱。

此时儿童的口头语言能力有了进一步的发展，他们的词汇量增加，能使用连贯、有层次的语言进行比较完整的叙述。他们的书面语言能力也不断发展，可以运用文字较为顺畅地表达自己的想法，并初步掌握不同体裁文章的写作方式。

国际上普遍认为，儿童在 4 年级以前要学会阅读，4 年级以后要用阅读去学习。这个阶段，也是儿童学习写作的起步阶段。

这个时期的儿童关注的范围不再局限于家庭和学校，而是有了更广阔的视野，对自然万物有着强烈的探索求知精神，并且具有了一定的阅读能力，掌握了一些阅读策略。这个阶段儿童的学习能力、分析综合能力和自我发展愿望都有所增长，可以在阅读量、阅读广度和深度方面进行适当拓展，以提升其阅读能力和阅读素养。

第五个时期是小学后期，一般指小学 5、6 年级

此时儿童在生理上进一步成熟，部分男生和女生开始进入青春早期，出现明显的第二性征。该阶段的儿童抽象思维快速发展，可以独立做出判断，并学习用不同角度看问题。这个时期也是培养儿童同理心的黄金期。

这个时期的儿童已具备丰富的词汇量，能够快速提取、理解听到的或看到的语言的意义，并能熟练掌握和运用许多抽象词汇。他们的书面语言已经较为成熟，能较为流畅和连贯地用文字表达自己的观点。到了小学的最后阶段，部分儿童开始拥有元语言意识①，逐渐理解自己是如何使用语言的。

经过几年的学习和积累，他们已经有了一定的阅读理解能力，逻辑思维能力逐渐加强，也初步形成了自己的阅读品位和

---

① 元语言意识：对语言规则的有意识理解和操作能力。

审美趣味。求知欲强的孩子会倾向于阅读有一定挑战的作品，追求更为深入的阅读体验。

情感上，他们往往既有少年期的叛逆，也有青春期早期的萌动。他们一方面需要亲密的关系，另一方面又渴望独立。这一阶段的儿童，需要阅读有丰富情感和思想深度的作品，以满足他们的情感和精神需求。

这个时期的儿童，已经完全可以独立阅读，只是需要更多的鼓励和互动。

第六个时期是初中期，一般指初中 1 年级至 3 年级

此时的儿童渐渐进入青春期，他们的生理、心理变化很大。他们既要面对学业变化和巨大的升学压力，又要面对青春期带来的心理和生理变化。

这个时候，儿童的视觉敏感已经发展到一生中的最高水平，听觉的感受性在不断提高，知觉的有意性、稳定性、目的性、精确性和概括性不断提高。在空间知觉上，有更大的抽象性；在时间知觉上，可以更精确地理解较短的时间单位。

观察力方面，和小学生相比，初中生在观察的目的性、持久性、精确性和概括性上有显著的发展。有意注意逐渐占主导地位，尤其是对感兴趣的事物更能集中注意力。抽象逻辑思维能力的发展进入关键期。

初中的孩子往往具有较强的自我意识和自尊心，他们开始审视自己的身份和自己必须承担的社会角色，学着从更广阔的视角看待自己。他们的思维独立性也日益提高，表现出明显的批判性、建构性。

刚步入青春期早期，他们有着了解自身的愿望和强烈的情感需求，同时对广阔的世界有着更深的探索欲望。

这个阶段的儿童，渴望社会、学校和家长能够给予自己成人式的信任和尊重。因此不要简单粗暴地用成人的眼光，去看待儿童的阅读，而要在尊重他们选择的同时，把更好的作品推荐给他们，甚至和他们一起阅读。

初中阶段，是儿童口语表达能力进一步提高和发展的重要时期。口语交际能力较好的孩子，能积极参加各种讨论，并能就适当的话题发表即席讲话和有准备的主题演讲。他们的书面语言能力朝纵深方向继续发展。

第七个时期是高中期，一般指高中 1 年级至 3 年级

此时也是儿童青春发育的末期和身体发展的定型期。高中生的观察力，比初中生更带有目的性和明确性，他们更能排除各种干扰进行深入集中的观察。其逻辑记忆、有意记忆、意义记忆越来越成为记忆的主导。情绪逐渐从外显走向内隐。他们自我评价的独立性有所发展，开始自觉审视自己的内心，但是

一般还不够客观。

高中阶段的儿童，口语交际能力已经较为成熟，具有了一定的演讲能力。他们的书面语言也已经比较成熟，对各种文体都有了基本的了解，并能结合具体的需求，选用适合的文体进行写作。

社会性的发展，标志着高中生正在走向成熟。他们适合阅读更具深度和广度的作品。同时，他们已经表现出比较强的个性和倾向性，阅读的内容应更丰富、更个性化。

母语性：尊重母语的特质

英文分级阅读之所以发展出了丰富而成熟的体系，不仅因为其有百余年的历史，也不仅因为西方科技发达，更早启用科技手段对文本分级和对阅读素养进行评测，还和英语本身的特点相关。相比中文，英文是拼音文字，只有 26 个字母，英语音标也不是非常复杂。相对而言，儿童识记单词比较容易。同时英语词汇的分级体系非常成熟，不同级别需要掌握哪些词汇，非常明确。英语的语法相对严谨，句子结构相对明确，一般情况下，句子的长短往往就决定了语意的深浅。因此，蓝思分级阅读主要是根据词频和句子的长度这两个参数，来确定文本的难易程度，并对文本进行分级。

和英文分级相比，中文分级的难度更大。既然是中文分级阅读，我们就不可能照搬西方的体系。无论是文本分级，还是阅读素养评测、儿童阅读素养发展标准的制定，都必须从中文的特质、从儿童学习中文的特点出发，找到更科学的分级方法。

中国古代教育也有近似于分级教育、分级阅读的理念。更准确地说，中国古代教育也有它的"次第"。古代的儿童，进官学之前，要先进私塾等蒙学馆开蒙，一般是从七八岁学到十四五岁。不同时期的开蒙读物不同，主要包含《三字经》《百家姓》《千字文》《声律启蒙》《笠翁对韵》《千家诗》《龙文鞭影》等。这些蒙学读物的出现，体现了中国古代教育在儿童观上的巨大进步。这些音律和谐的韵文，将天文地理、历史典故、文化常识、传统礼仪、儒家道义等包含其中，既帮助孩子识字、阅读，又实现了常识教育和道德教化。

15 岁之后进入学馆时期，其主要任务是诵读和学习"四书"，主要的方法以吟诵和诵背为主。20 岁左右，为官学时期，他们一般会去县学、府学继续学习，相当于现在去高中读书，学习的内容是在熟读"四书"的基础上，学习解经，研习儒家经义，同时开始逐渐广泛阅读诗词歌赋、经史子集，学习琴棋书画，等等，并在此基础上，进行写作的训练和义理的阐发。

中国古代教育的"次第"，在当时的历史条件下，是符合古代教育的目标和不同阶段儿童的学习和认知规律的。

五四运动以后，我们开始普遍使用现代汉语，但是古代汉语，比如文言文和古白话依然在儿童的阅读体系里存在。因此我们今天要建立的中文分级阅读标准，要面对的汉语语料是非常复杂的。中文有古代汉语和现代汉语之分。任何一个中文分级阅读体系，首先要界定的是，儿童阅读的文本，是指所有的中文语料，包括古代汉语，还是专指现代汉语的语料。这些不同范围的文本，有着不同的特征。尤其是文言文、古白话，和现代汉语相比，在词汇和语法方面，有着非常大的差异。

建立中文分级阅读标准，要面对的难题绝不仅仅是语料的差异问题。中文分级阅读还必然要对文本进行科学的分级。如何采用技术手段，找到合理的参数，建立算法模型，确定每一个文本的难易程度，是我们要着力解决的问题。

首先是汉字。相比于中文学习，识记英文的 26 个字母和学会拼读音标后，初步掌握英文词汇并开始简单的阅读并非难事，汉字则不然。

中文阅读遇到的第一个拦路虎，便是识字。汉字数量众多，结构相对复杂，难记难认。东汉的《说文解字》收字 9 353 个，清朝的《康熙字典》收字 47 035 个，《新华字典》（第 12 版）收单字 13 000 多个。1994 年，中华书局、中国友谊出版公司出版的《中华字海》收汉字最多，达到 85 568 个。但在现代汉语中，我们经常使用的常用字，也就是阅读一般书报刊需要掌握的字已经大大减少了。1988 年，国家语言文字工作委员会、国家教育委员会发布了《现代汉语常用字表》，其中包括"常用字"2 500 个、"次常用字"1 000 个，共 3 500 个字。2013 年，国务院公布《通用规范汉字表》，收字 8 105 个，分为三级，其中一级字表收字 3 500 个，是使用频度最高的常用字，主要满足基础教育和文化普及层面的用字需要。

但是针对这 3 500 个常用汉字，如何更好地进行分级，儿童应该首先识记哪些汉字才能开始基本的阅读，这是中文分级阅读研究必须解决的问题。

目前，并没有公认的汉字分级标准，只有很少的资料可以参考。例如《义务教育语文课程标准（2022 年版）》中的附录 5《义务教育语文课程常用字表》中也收录了 3 500 个常用字，分为字表一（2 500 个字）和字表二（1 000 个字）。小学语文教材中 1—6 年级的"生字表"据统计将近有 3 000 个字，但是这些字与课标中的 2 500 字也不是完全重合。而且这些生字主要来自课文，并不完全是从儿童识字规律角度所做的分级。由国家汉语水平考试委员会办公室考试中心制定的《汉语水平词汇与汉字等级大纲》，凝聚了专家团队的巨大努力，但其主要应用于国际汉语教学，和应用于国内的中文分级阅读标准还是有很大的不同。

其次是词汇。英文分级阅读中，有非常完善的词汇分级标准，但中文的词汇分级研究还很不完善。从 20 世纪中期起，有关部门、单位陆续研制、公布的汉语词表有 20 多种。这些词表主要用于对外汉语教学、中文信息处理，或是面向社会一般应用的通用词表。相对而言，这些词表所做的分级较为宽泛。例如《汉语水平词汇与汉字等级大纲》，仅将词汇分为甲、乙、丙、丁四级，分类方法主要采用音序排列，对中文分级阅读来说参照意义不是很大。

2019 年 5 月,《义务教育常用词表（草案）》出版。首次发布了中小学阶段应该掌握的 15 114 个常用词语,并提供了这些词语的语义分类。其语料来源为中小学语文教材、现代汉语通用语料库、国家语言资源库等,为中文分级阅读研究提供了重要的参考依据。

因此,中文分级阅读标准的基础工作之一,是从儿童阅读出发,建立一定规模的儿童语料库,并在此基础上,对汉字和词汇进行分级。这是非常必要,也是非常浩大的一项工程。亲近母语多年来通过大数据分析和专家干预相结合的方法,已经在探索和研究汉字与汉语词汇的分级上取得了一定的成果,并将出版《亲近母语常用汉字分级表》和《亲近母语中文常用词汇分级表》。

从儿童母语学习的角度来看,虽然在起步阶段,中文阅读的难度要高一些,但中文也有很多的优势。中文分级阅读必须从儿童阅读和语言学习的规律出发,深刻认识和把握汉语的特质,充分发挥中文学习的优势。例如掌握好汉字中的根本字和基本字,对识记 3 500 个常用字,非常有帮助;例如汉字的基本字的衍生性、联想性很强,可以很好地帮助儿童掌握词汇等。

虽然英文词汇分级比较成熟,英文单词也有词根、词缀等,识记词汇有规律可循,但跟汉语相比,英文的词汇量更大,儿童学习英语往往入门相对容易,但要真正掌握和运用这门语言，还需要有相当大的词汇量。而对中文而言，汉字是表意文字，滋生性较强，形声字很多，儿童在掌握一定量的基本字后，如果能辅以必要的集中识字和阅读，识字量和词汇量就会迅速增长。

现代汉语的词汇，根据语法功能的不同，可以分为实词和虚词两大类。虚词的数量相对比较固定。它们类似于古代木构建筑中的"榫卯"，在句子中往往起着连接、过渡、递进、加强、转折、解释等作用。儿童往往能在听说、阅读中逐渐掌握虚词的应用，并理解其语义。虚词出现的频率虽然比较高，但因为其往往不具有完整意义，单独识记的难度较大。因此最适合的方法，是根据虚词出现的频率，以及其所表达语义的复杂程度，将它们分为不同级别，以便于不同阶段的儿童学习和掌握。

古代汉语词汇以单音节词为主，但现代汉语词汇却以双音节词为主。常用字，尤其是基本字的能产性、滋生性很强。以名词为例，认识了"马"这个基本字，儿童很容易掌握骑马、马腿、马头、马尾、母马、公马、小马、马驹、野马、马匹、马粪、木马、宝马等词汇。

汉语的动词也很丰富，也可以进一步分级。例如一个孩子被另外一个孩子用手敲了一下头，被打的孩子往往只会说："他打了我一下。"能用"敲"的孩子，显然比只会用"打"的孩子掌握的语言要更丰富。能根据不同场景，用好"打""拍""拖""拉""捏""捶""扔""挥""抛""摔""甩""握"

"拿""提""拎"等动词的孩子，显然在对生活的感受力、思维的准确性、语言表达能力等方面更具优势。

汉语中的形容词，跟中文分级阅读的关系更为密切。形容词一般描写人或者事物的性质或状态。儿童最初掌握的一些词，往往是比较概括的、简单的、常用的词汇。例如他会说，"我今天很高兴"，或者"我很开心"。但他如果能表述"我很快乐""我很兴奋""我很喜悦""我很忧伤"等，他的词汇量就是完全不一样的。而一些词语则不符合普遍的儿童心理与认知，例如"幽怨""踌躇"这些词，在幼儿以及小学生的阅读文本中就很少出现。

其他实词，如数词、量词、代词等也一样。尤其是量词，汉语中的量词非常丰富。每一种事物所用的量词是不同的。例如：一头牛、一条鱼、一匹马、一只鸡、一个人。你不能说成一头鱼、一匹牛、一只人。

从这个意义上说，汉语的精确性又是很强的。

再说句子。在英文文本中，一般句子越长，表意越丰富，阅读难度越大。在中文文本中，一般情况下，这个原则也成立。但也有一些特殊的情况。一是古诗。因为古诗往往以五言诗、七言诗居多，句子长度已经被限定，如果把它们跟一般文本放在一起来分级，当然就不能是句子越长难度越大。二是文言文。在中国古代，因为受到书写工具和书写载体的限制，文字书写的难度和成本都比较高，因此文言文一般都非常简短，但表意却很丰富。三是，许多现当代的优秀作家作品。一些作家受到古汉语简约美的影响，崇尚用短句子，用意会的方法形成丰富的表达效果。例如鲁迅先生的《狂人日记》：

今天晚上，很好的月光。

我不见他，已是三十多年；今天见了，精神分外爽快。

汪曾祺先生的《葡萄月令》：

一月，下大雪。

雪静静地下着。果园一片白。听不到一点声音。

葡萄睡在铺着白雪的窖里。

二月里刮春风。

这样的文本，我们不可能像英文分级阅读那样，单纯以字数的多少、句子的长短来确定文本的难度和级别。相比较而言，中文信息类文本的分级和英文分级的标准，没有太大的区别，但文学类文本的分级标准差别很大。

句群和段落、篇章的情况，跟句子也类似。一般情况下，越长的段落、篇章，对应的文本难度越高，但不能一概而论。不用说《老子》这样的经典，就是在现当代文学作品中，也有不少的短章，含义却很深刻。这跟中文不是单纯以理性来组织语言，表达思想和情感，而是重视"意合""意会""感悟""体悟"这样的表达方式，有很大的关系。

每一个民族、每一个国家的经典文本，一定都蕴含着其自身的情感、文化、价值观。中国是一个历史悠久的文明古国，而且文化一直延续，从未中断。因此中文文本表达的内容、主题、思想和情感以及表达手法等，更有其自身显著的特点。

其中一个重要特点是，汉语是一门重视韵律、音乐性很强的语言。不仅是童谣、童诗、古典诗歌、现代诗等诗歌文本，经典的中文文本，往往都有音乐性。一流的散文、小说，甚至演讲稿、议论文，都有诗性。即使是儿童文学的文本，虽然更接近儿童的生活和情感，但一流的儿童文学作品，也一定在语言、情感意蕴、表达风格上，更有母语的特质。现当代文学文本、古典文学文本，就更是如此。这些文本在表现时代和人物、表现社会生活的同时，一般都凝结着中国人的情感、价值观、文化精神，蕴含着中国文化的意境与审美。在建立中文分级阅读体系时，我们必须尊重和理解中文的特点，做出更科学的分级和阅读指导。

由于篇幅所限，以上的描述，并不能完全勾勒出中文的全部特质，以及完整表达出在中文分级阅读研究时应该注意的所有问题。

中文文本的特质，以及各个阶段儿童的认知、情感和语言发展特点，决定了儿童母语学习的方式，对中文分级阅读标准和阅读指导体系的建构，也有很大的影响。具体来说，在构建中文分级阅读标准时，必须把诗歌的诵读和学习放在整体框架内，充分重视诵读、吟诵、涵泳、感悟等阅读方式；幼儿、小学低段的阅读应更重视韵语、韵文的学习，以增强孩子的阅读兴趣，运用好儿童已有的听读能力，以及他们天生对韵律的热爱，帮助他们开始阅读；要更重视朗读，而不应该完全参照英文分级阅读体系，过分强调和突出默读的重要性；在各个学段，应该重视蕴含母语文化因素文本的阅读，让儿童在阅读中逐渐形成文化积淀和审美情趣，受到家国情怀、天人合一、天下为公等中国文化精神的熏染。

教育性：关注教育发展的核心目标

亲近母语中文分级阅读标准的核心在于儿童阅读素养发展标准的研发和制定。我们认为，无论是自主阅读还是指导性阅读，阅读本质上是一种教育活动。因此，中文分级阅读标准的研制，离不开对教育目的的思考和对教育价值的求索。

1. 把儿童阅读素养的提升放在核心位置

中文分级阅读标准，应当把儿童阅读素养的发展放在核心的位置，并对儿童阅读素养的内涵和外延，做恰当的界定和描述；对各个阶段儿童应该达到的发展目标，做尽可能科学而详细的描述。这样才能真正指导家庭的阅读互动，为学校和专业机构的儿童阅读提供科学指导。

2. 把培养儿童面向未来的核心素养放在突出位置

2016 年 9 月,《中国学生发展核心素养》研究成果发布。中国学生发展核心素养,主要指学生应具备的,能够适应终身发展和社会发展需要的必备品格和关键能力。核心素养以科学性、时代性和民族性为基本原则,以培养"全面发展的人"为核心,分为文化基础、自主发展、社会参与三大方面。综合表现为人文底蕴、科学精神、学会学习、健康生活、责任担当、实践创新六大素养,具体细化为"人文情怀""审美情趣""理性思维""国家认同"等 18 个基本要点。这些要点,既有对社会的关注,又有对个人的培养;既有对人文的重视,又有对科学的追求;既通过方方面面培养人的综合能力,又鼓励创新,注重保持人的个性;既注意培养学生的传统文化根基,又号召学生丰富现代品质,懂得接受和尊重多元文化,充分体现了和现代社会发展所匹配的教育性。这些也是我们研制中文分级阅读标准所坚持的方向。

3. 和新时代"立德树人"的根本任务与教育目标保持一致,培养完整与和谐发展的人

阅读不仅仅是儿童学习知识的一种方法,更是儿童构建精神世界的一种重要途径。无论是文本分级标准,还是儿童阅读

素养发展标准，不能只是策略性的、认知性的，只强调阅读中的认知和思维发展目标，而不重视阅读对儿童的情感培育、人格发展、价值观教育的作用。

中文分级阅读的培养目标，要和新时代"立德树人"的根本任务和培养担当民族复兴大任的"时代新人"的教育目标保持一致。同时，亲近母语注重儿童的潜能发挥和个性发展，希望培养完整与和谐发展的人。

我们认为，中文分级阅读的本质是阅读教育，首先要培养把个人价值和社会价值统一起来的人。在教育学研究领域，教育目的的个人本位论和社会本位论一直争执不休。有人认为教育的目的就是发展个体，该观点以卢梭、爱伦·凯①为代表；还有人认为教育的首要目的是满足社会发展，个体应当服从社会意志，该观点以埃米尔·涂尔干②为代表。中国学生的核心素养发展，强调学生能处理好自我与社会的关系，遵守现代公民所必须遵守和履行的道德准则和行为规范，增强社会责任感，提升创新精神和实践能力，促进个人价值实现，推动社会发展进步，发展成为有理想信念、敢于担当的人。

在中文分级阅读中，我们不能仅仅把阅读看成是儿童个体

---

① 爱伦·凯（1849—1926），瑞典著名的女作家、教育家、资产阶级自由教育论的拥护者、新教育流派的代表人物、国际妇女运动活动家和新教育运动的倡导者。她一生主要致力于儿童教育问题和妇女问题的研究，主要著作有《儿童的世纪》《妇女运动》等。
② 埃米尔·涂尔干（1858—1917），又译迪尔克姆、杜尔克姆等，法国社会学家，社会学的三大奠基人之一，主要著作是《社会分工论》等。

的知识获取行为，而要注重阅读的教育作用，选择更多关于人类精神的杰出代表、中华文化传承者的英雄传说、传记、故事等，让儿童在精神上得到成长。

其次，中文分级阅读要培养兼具科学精神和人文精神的人。站在极端科学主义的立场上，人文主义的许多教育观念都是陈旧落后、缺乏实用价值的；站在极端人文主义的立场上，现代科学的发展对人性是一种摧残，对文明是一种毁灭。随着社会的发展，越来越多的人意识到科学和人文都是至关重要的，并提出了"科学人文主义"的教育观。要培养出富有科学精神和人文精神的人，需要坚持科学人文主义的教育观。因此，在中文分级阅读中，要注重"阅读配餐"，注重文学、人文和科学读物的平衡。要在阅读中，挖掘文本的科学精神与人文精神，注重发展儿童的理性思维和逻辑能力。

再次，中文分级阅读还要培养把全面发展和保持个性统一起来的人。全面发展的教育观念，是经过我国漫长教育发展历程所产生的探索结晶，也是新世纪、新时代对教育提出的新要求。全面发展并不代表着要面面俱到、不分主次地发展，而是人的各项基本素质需要全面地发展，尽量避免出现心理缺陷、人格不健全、价值观缺失等重大问题。阅读教育在这方面，有很重要的引导和熏染作用。此外，除了注重人的全面发展，我们还要培养出富有个性的创新型人才。教育的个性化和人的全面发展并不矛盾，而是相互补充。我国著名心理学家朱智贤指出："所谓个性全面发展的人，乃是指在智、德、体、美以及劳动能力各方面都获得正常的、健全的、和谐的发展，而同时又是能够充分发展各自的性格、兴趣和才能的活生生的人。"在阅读教育中，要尽量摒弃标准化答案，注重儿童个性化的阅读表达，激发和鼓励儿童在阅读中发现问题、思考问题，并通过阅读解决问题。

最后，中文分级阅读还要培养把传统文化精髓和优秀现代品质统一起来的人。人的现代品质，也是现代社会全面发展的人的一个重要方面。培养有现代品质的人，一定绕不开对传统文化的继承和发展。中国传统文化是一笔巨大的文化财富，但同时也有自身的局限性。所以，我们对传统和现代的态度应该是创造性转化和创新性发展，做一个有文化根基的现代中国人。

亲近母语中文分级阅读标准

中文分级阅读标准的制定是一项科学系统的工作，它既基于对儿童生理、认知和语言发展、儿童情感发展、儿童人格养成等各个方面的基础研究，也建立在对儿童阅读的文本和资源、儿童阅读素养发展、儿童阅读指导等领域深入探索的基础上。

亲近母语中文分级阅读标准，是在国家推动全民阅读的背景下，在落实义务教育语文课程标准中关于阅读教学，以及课外阅读目标的基础上，依上述理论研制而成。国家课程标准中提出的各个学段的阅读发展目标是基本的，是每一个儿童都应该达到的目标。亲近母语在此基础上，针对有更高需求的家庭和学校，提出建议性的儿童阅读素养发展标准。

亲近母语中文分级阅读标准由两部分构成：

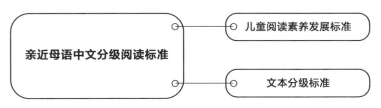

图 2　亲近母语中文分级阅读标准

一是儿童阅读素养发展标准。该部分为亲近母语中文分级阅读标准的核心，主要从儿童的生命阶段出发，依据不同阶段儿童的生理、认知和语言发展、情感和社会化以及人格发展特点，基于《义务教育语文课程标准（2022 年版）》规定的每一个儿童应该达到的阅读素养标准，研制通过儿童的阅读和相应的阅读指导、阅读教育，儿童可以达到的发展标准。

二是文本分级标准。文本分级标准服务于儿童阅读素养发展标准，根据不同年龄段儿童的阅读素养水平，为儿童匹配适合的文本。在本标准中我们仅提供文本难易度分级的指标参照，并未固定文本分级的级别数量。有能力的中文分级阅读研发机构，可以根据机构自身的需要，设定不同的参数，开发自己的文本分级方法和体系。

儿童阅读素养发展标准

"阅读素养" 的概念界定

"阅读素养" 这一概念最早由国际教育成就评价协会（IEA）于 1991 年提出。21 世纪初，"阅读素养" 这一概念被引入中国。

国际学生评估项目（PISA）将阅读素养界定为学生为达到个人目标、形成个人知识和潜能及参与社会活动，理解、运用和反思书面材料的能力。

国际阅读素养进展研究项目（PIRLS）指出，阅读素养是阅读者理解和运用社会需要的，或个人认为有价值的书面语言形式的能力。年轻的阅读者能够从各种形式的文章中构建意义。他们能够通过阅读进行学习，参与到学校和日常生活的各项活动中。

这两个国际上重要的阅读评价项目对阅读素养的界定虽有不同，但也有很多共同点：第一，两个体系都将"书面材料"作为阅读的主要对象；第二，两个体系中都认为阅读素养包括理解和运用，PISA 在此基础上突出对文本的反思；第三，相比较而言，PIRLS 更强调阅读本身，以及阅读对学习的意义，PISA 则更关注阅读的实践应用，以及阅读对个体发展和介入社会生活的价值。这和两者的测评对象不同有关。PIRLS 的测试对象是 4 年级小学生，PISA 的测试对象则是平均年龄在 15 岁左右的中学生。测评对象所处的阅读阶段不同，阅读的任务和目标当然也不同。

综合来看，阅读素养有着丰富的内涵，既包含儿童对书面文本的理解、反思、运用、构建意义等一系列的能力，也有积极参与阅读、享受阅读的乐趣，培养阅读兴趣和习惯，通过阅读丰富情感、涵养心性、发展个性和社会性等情志层面的内涵。

20 多年来，关于阅读素养内涵方面的研究成果主要集中在对阅读素养概念、内涵的解读和界定上。有研究者从阅读行为的角度，总结出阅读素养是指个体对阅读材料进行阅读感知、理解、评价、鉴赏和表达所需要的知识、能力和品格的综合表现。有研究者从心理学的角度，认为阅读素养是读者在阅读文献时获取文献信息知识并创新的能力。还有学者从阅读实践的角度出发，认为阅读素养是读者对阅读信息进行选择、加工和处理的过程。此外，还有从数字化、词源等角度进行的界定。

综上可见，国内对于阅读素养并没有形成一个统一、公认的定义。目前，绝大多数的研究都是以解读、介绍国外阅读素养测试的概念为主。

亲近母语认为，儿童的阅读素养是指儿童为了学习、生活、未来融入社会，更好地生存和发展而具备的理解、反思、运用书面材料、构建意义的能力，以及在阅读活动中展现的兴趣、习惯和通过阅读内化而成的情感、态度和价值观等。

儿童阅读素养发展标准的维度阐释

亲近母语的儿童阅读素养发展标准，将儿童阅读素养具体分为三大维度（如图 3 所示），分别是知识、技能和能力，兴趣、习惯和积累，情感、态度和价值观，每一个维度都指向儿童的发展。

需要特别说明的是，在研究和构建标准的过程中，对于阅读积累这个维度，是否需要单独提出，是放在知识、技能和能力维度中表述，还是放在兴趣、习惯和积累这个维度中表述，标准研制组和专家审读组有不同的意见。我们做了充分讨论后，决定将"阅读积累"单独提出，并在兴趣、习惯和积累这个维度中加以表述。

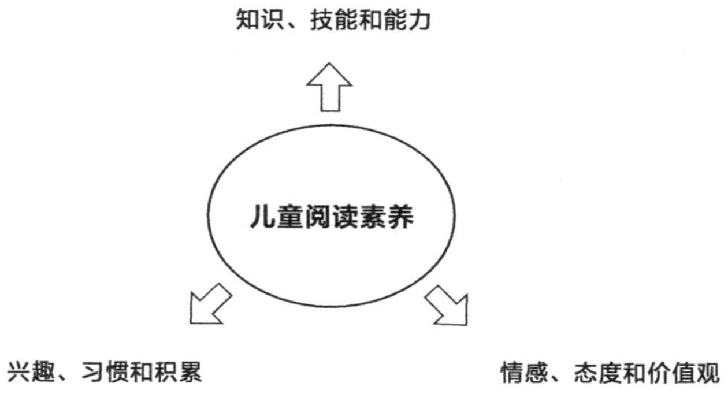

知识、技能和能力

儿童阅读素养

兴趣、习惯和积累　　　　　　情感、态度和价值观

图3　儿童阅读素养的三大维度

亲近母语认为，阅读积累的多少是衡量儿童阅读素养高低的重要依据。阅读量和儿童诵读、熟读、诵背的经典语料等，是阅读积累的重要内容。

阅读量，是衡量儿童阅读素养的一个重要指标。《义务教育语文课程标准（2022年版）》中，明确提出了义务制教育阶段儿童在各学段的课外阅读量要求。据此统计的课外阅读总量应在400万字以上，其中小学阶段为145万字。亲近母语"十五"规划课题，最初就是为了落实这个基本目标而开始研究和实验。诵读、熟读，包括诵背一定量的经典语料，既是儿童阅读素养的一个重要指标，也是传统语文教育特别注重的方面。现代教育对诵背等有比较多的批评。但随着脑科学、认知科学等方面研究的深入，人们越来越认识到，童年的诵读、熟读甚至诵背一定量的经典语料，对儿童阅读能力、母语学习能力以及专注力、直觉感悟力的提升有着较大的作用。诵读和熟读一定数量的经典语料，突出强调的是掌握一定数量的经典语料，并非强调诵读能力本身，因此放入知识、技能和能力维度中的任何一个方面，都不是很恰当。它具有日积月累长期形成的特点，更接近于兴趣、习惯维度。因此亲近母语中文分级阅读标准把它作为一个单独的子维度提出来，并和兴趣、习惯并列为第二维度。需要特别说明的是，诵读、熟读，包括诵背一定数量的经典语料，需要适度、科学，不能死记硬背，以免影响儿童理解和反思文本，不利于儿童批判性思维的发展。

1. 知识、技能和能力

主要指儿童通过该阶段的阅读教育，应该具备的阅读知识、阅读技能和阅读能力。它们是儿童阅读素养形成的重要基础。

阅读知识主要包括识字量和一些与阅读相关的基础知识，例如识多少字，关于文体的常识，等等。识字量反映的是儿童接触了大量的语言材料，进行广泛阅读后所掌握的汉字数量，是儿童迈向更广阔阅读的基础。在语言发展层面上，儿童的阅读对象是语言文字，丰富的识字量有助于儿童读懂文本并获得自己的理解。结合中文和汉字的特点，识字量也会间接反映出儿童词汇的丰富程度。而词汇的丰富程度则是语言能力的一个重要指标。《义务教育语文课程标准（2022 年版）》规定了每个学段的识字量要求，而分级阅读是对课内阅读的延伸与实践，也是有效地巩固和拓展识字量以及词汇量的途径和手段。同时，一些文化常识、不同文体的特点等阅读知识，也有助于儿童更准确地理解文本。

阅读技能主要指阅读方法和阅读策略。根据阅读行为的不同，阅读方法可以分为听读、朗读、默读。相比较而言，有韵律的儿歌、童谣、童诗、古诗等诗性文本更适合朗读，篇幅比较长的散文、儿童故事、小说则相对适合默读。总体来看，儿童从听读发展到默读大致会经历"听读—大声朗读—轻声念诵—动唇默读—无声默读"的过程。幼儿时期以听读、亲子共读为主。小学低年级是朗读的主要发展阶段，中、高年级逐步掌握默读，且默读有一定的速度。

根据阅读程度的不同，阅读方法又可以分为诵读、精读、略读和浏览。诵读是指不仅仅要大声读，而且要读出情感，读出节奏，甚至熟读成诵；精读主要指儿童对教材和一些经典语料的反复揣摩和学习；略读主要指简略地阅读文本，是一种常用的阅读方法；浏览主要指以快速获取信息为目标的阅读方法。

现代教育比较重视默读，往往认为阅读素养的核心就是持续默读的能力和默读的速度。但需要注意的是，汉语讲究音韵，传统的语文教育特别注重诵背和涵泳。让儿童通过诵读，调动多种感官来感受语言，可以加强儿童对文本的理解和内化。

阅读策略通常是指为了获得更好的阅读效果，在阅读的过程中基于不同目的，有意识地采取的方法或技巧。如复述、精加工、重新组织等学习策略，预测、联结、提问、推断等阅读理解策略，以及在阅读中的自我监控和调节策略等。儿童阅读策略的发展目标重点关注 3 个角度：一是阅读的目的，二是阅读情境的变化，三是阅读活动的具体安排。

从珍妮·乔尔（Jeanne Chall）提出的阅读发展阶段理论来看，4 年级（10 岁）之前是儿童"学习阅读"（learn to read）的阶段，在这一阶段儿童需要学习和掌握的阅读策略较为浅显。比如，通过逐字回读和适当断句读通文本，对文本有大致的理解；在自然、流畅阅读文本的基础上，适当运用推论和想象的策略补充文本中的一些空白。

4 年级之后，儿童逐步过渡至"通过阅读学习"（read to learn）的阶段，掌握的阅读策略也变得复杂起来。并且，儿童经过良好的阅读教育和学习，逐步发展出根据阅读目的和阅读体裁的不同，选择相应阅读策略的意识，阅读时的自我调节也逐渐熟练。如在阅读时关注、分辨文本中的重要信息，或是主动重新阅读某部分内容，以更好地理解文本含义，等等。儿童的阅读策略指导不是机械地让他们掌握各项策略，也不是矮化儿童的阅读过程和意义，而是指导儿童在阅读时根据不同目的，使用不同的策略，帮助他们逐步成为主动的、积极的阅读者。与此同时，儿童也在主动的阅读中代入自己的生活经验和情感体验，让阅读真实地发生。

阅读是一个复杂的认知活动，从认知理论和语言学理论来看，儿童阅读能力的发展呈现一定的序列性和系统性。美国阅读心理学家奈拉·B. 史密斯（Nila Banton Smith）提出阅读有4种认知水平：字面的理解、阐释、评价性阅读、创造性阅读。在 PISA 阅读测评框架中，阅读能力指标依次划分为：访问与检索、整合与阐释、反思与评价。PIRLS 的阅读测评也是以学生的思维层级为焦点，依照"直接提取""直接推论""阐释、整合观点和信息""检验、评价内容、语言和文本元素"4 个维度逐层深入。《义务教育语文课程标准（2022 年版）》也指出："阅读与鉴赏类问题或任务要立足文本信息的提取、归纳、概括，考查学生对作品思想内容、篇章结构、表现手法、语言风格的理解和把握，引导学生对作品的创作动机、表达效果作出合理评价。"

基于以上讨论，亲近母语认为，阅读能力是指儿童对书面语言材料的感知、理解和运用的能力。结合中国小学生阅读发展现状，亲近母语提炼出四大能力：提取信息能力，推论判断能力，整合解释能力，评价、鉴赏与综合运用能力。

提取信息能力，指的是从文本中检索并提取有关信息的能力。推论判断能力，指的是对文本信息进行联系性推论和联想性推论的能力。整合解释能力，指的是整合、解释篇章的意思并发表自己意见的能力。评价、鉴赏与综合运用能力，指的是评价篇章内容及语言形式的能力。

2. 兴趣、习惯和积累

阅读兴趣和习惯是儿童阅读素养发展中的非认知因素，浓厚的阅读兴趣和良好的阅读习惯是儿童阅读素养发展的重要内驱力。

阅读兴趣是指儿童受到相关阅读目标的引导、激发并且维持自身阅读活动的一种心理过程，表现为儿童对阅读某一类文体、主题和相关阅读任务的喜爱。在 4 年级之前，儿童通常喜爱阅读童话、寓言、神话等故事类文本和趣味性较强的科普类文本，愿意阅读简单的非连续文本。在 4 年级之后，情节生动、叙事精巧的小说越来越受到儿童的喜爱，他们也会慢慢根据需要有选择地阅读报刊上的新闻、说明性文章等信息类文本。整体而言，儿童的阅读兴趣一般由简单、浅显逐步向深入、复杂发展，由文学类、叙事性较强的文本逐步向信息类、议论性较强的文本发展。

阅读习惯是指经过长期的阅读活动，儿童逐步形成的一种稳定的阅读方式或思维方式。好的读者应该养成良好的阅读习惯，如制订阅读计划，边读边思考，等等。

阅读积累是指儿童在阅读过程中，逐渐达到的阅读量和熟读成诵的经典语料，以及一些笔记摘抄、知识积累、阅读随想等扩展性积累。

《义务教育语文课程标准（2022 年版）》规定了各学段的阅读量和诵背的古诗文名篇数量。比如，1—2 年级，要求儿童课外阅读总量不少于 5 万字，背诵优秀诗文 50 篇（段）；3—4 年级，要求课外阅读总量不少于 40 万字，背诵优秀诗文 50 篇（段）；5—6 年级，要求课外阅读总量不少于 100 万字，背诵优秀诗文 60 篇（段）。在儿童阅读素养发展标准中，阅读量不仅代表儿童阅读的数量，更强调儿童阅读结构的合理性。儿童阅读不只限于儿童的文学阅读，随着儿童兴趣的开拓和社会交往活动的增加，儿童的阅读视野也越发广阔。优秀的人文和科学作品能够帮助儿童打开认识世界的窗户，提供多样化的视角和丰富的阅读体验，进一步优化儿童阅读积累的结构。

而今，随着中国综合实力的增强、文化自信的建立，优秀的传统文化教育越来越受到重视。阅读、诵背经典的优秀诗文，提升儿童的阅读量，丰富儿童的阅读材料，对儿童母语学习、语言发展、文化认同、人格养成都有着重要意义和价值。

综上，尊重并培养儿童的阅读兴趣和习惯，提高儿童的阅读量，积累丰富的经典语料，帮助儿童从阅读中获得快乐，并且逐步形成自己的阅读品位，拥有更合理的阅读结构和更广阔的阅读视野，是儿童阅读素养发展标准的重要内涵。

3. 情感、态度和价值观

儿童的阅读过程也是他们在和文本的互动中，不断进行意义建构的过程。一方面，儿童通过阅读作品，获得情感、态度和价值观的熏陶，丰富个体的生命体验；另一方面，儿童阅读时，他们自身的情感和精神体验，也会影响他们的阅读态度、行为和表现。

从今天的社会和教育状况来看，突出和强调阅读的情感、态度和价值观非常有意义，且十分必要。一段时间以来，由于应试教育和社会氛围的影响，无论是家庭教育还是学校教育，都过分重视儿童的学业成绩、智力发展，而忽视对儿童的情感、态度和价值观的教育，对儿童的心理健康、社会融入、人格发育重视不够。儿童的阅读也比较偏重功利性和娱乐性，阅读教育对于儿童的影响和引导程度还不够。

《义务教育语文课程标准（2022年版）》提出要"强调内容的典范性，精选文质兼美的作品，重视对学生思想情感的熏陶感染作用，重视价值取向，突出社会主义先进文化、革命文化、中华优秀传统文化。注重课程内容与生活、与其他学科的联系，注重听说读写的整合，促进知识与能力、过程与方法、情感态度与价值观的整体发展"。国际阅读评价项目PIRLS也将阅读行为和态度作为阅读素养评估的一部分。从总体上来说，儿童在阅读过程中能够将情感、态度和价值观渗透进阅读内容和方法之中，同阅读的作品产生情感、精神上的联结，阅读后能够从作品中继续反思，从而丰富自己的精神世界，形成积极的态度、健全的人格。

结合儿童的阅读和成长经历，儿童情感发展的内容也不断丰富，大致包含了对自我、对他人、对物和对抽象主体这几个主要维度。低年级儿童阅读文学作品，会对表达以"我"为中心的感情内容有着较为强烈的感受，还会由"我"延伸至周围熟悉的人，如朝夕相伴的父母、一起玩耍的伙伴等。这些与亲情、友情相关的阅读内容更能够激发低年级儿童内心的情感共鸣。同时，在低年级阶段，孩子对周围的环境有极大的好奇心。通过对于自然的观察和探索，初步开始感受生命和自然。到了中、高年级，儿童的知识、经验逐渐丰富，逐步接触抽象的人文和百科作品，逻辑思维能力和自我意识水平也不断提高，儿童的情感会逐步转到他人，对物的情感联结也会逐渐凸显出来，如开始关注自己身边的动植物，以及对一些有特定情感意义的物件等，有着特别的情感。此外，随着生活经验的增加，儿童不断接触社会，他们与社会需要相联结的高级情感也会逐步生发，这些往往反映在比较抽象的主体上，如儿童会更关注我们生活的世界，了解人与自然和谐发展的意义，同时关注不同地域的国家、民族乃至全人类的命运。

儿童的情感、态度和价值观发展，大致围绕 3 个方向：一是以个人为主体的价值取向，包括个体的幸福和尊严，也包括家庭的亲情和同伴的友情等；二是以人与自然为主体的价值取向，包括亲近自然、人与自然的关系、人与自然和谐发展等；三是以社会群体与国家为主体的价值取向，包括合作互助、尊重他人、热爱祖国、热爱本民族优秀的文化、尊重多元文化、关心世界发展等。在儿童阅读素养发展的不同阶段，情感、态度和价值观的目标培养都围绕以上 3 个方向展开，但每一个阶段有着各自的侧重点，它们共同组成儿童阅读中的情感、态度和价值观的目标体系。

综上，在儿童阅读素养发展标准中，情感、态度和价值观这个维度倡导儿童积极阅读，主动建构文本和自我、文本和他人，以及文本和自然、社会、国家之间的意义关联，从而完善个性，陶冶情操，健全人格。

亲近母语儿童阅读素养发展标准

根据以上维度，亲近母语在 20 多年儿童阅读研究和实践的基础上，提出不同阶段儿童的阅读素养发展标准。

需要提前说明的 6 个问题：

第一，根据亲近母语的研究和实践，我们在本次表述时，重点表述了幼儿阶段到初中 3 年级儿童的阅读素养发展标准。对高中阶段儿童的阅读素养发展标准，我们只做简要的、笼统的表述，有待在今后的研究和实践中不断细化。

第二，儿童阅读素养发展，有普遍的和个体的两个不同层面。以下重点表述普遍的儿童阅读素养的发展水平。

第三，《义务教育语文课程标准（2022 年版）》作为我国中小学阶段语文教育理论和实践总结的纲领性文件，在培养语文学科核心素养和强化儿童母语阅读教育上发挥着巨大的作用。亲近母语在其基础上，结合 20 多年来对儿童母语教育的深入研究和广泛实践，提出了儿童阅读素养发展标准，意在为那些有更高儿童阅读需求的学校和家庭，提供具体性的参考和更具针对性的建议。

第四，我们此次发布的标准表述的是普遍的儿童阅读素养发展标准，因此采用国家通用，也是家庭和教师都能接受的年级的方式来做表述。但个体儿童的阅读素养发展是不完全相同的，应该通过具体的儿童阅读素养测评来实现分级，而不能完全根据年级来判断。例如亲近母语体系下的小步读书，就根据以上维度，设定了不同的指标，将小学阶段儿童的阅读素养进一步分级，以便在实际产品中更好地适配和应用。

第五，在小学阶段的阅读"知识、技能和能力"维度，亲近母语儿童阅读素养发展标准对各年级分别做了较为详细的表述，为阅读指导和教育提供更具体、更有针对性的参考。在"兴趣、习惯和积累"维度，标准考虑到儿童各阶段发展目标的整体性，以及一些学段之间在这方面的差异不明显等因素，仅分低、中、高3个学段做差异化表述，在每个学段内部保持一致性，未做更细致表述。

第六，再次强调，亲近母语儿童阅读素养发展标准，旨在描述儿童通过阅读促进、阅读教育，应该达到的素养水平，而非本来儿童身心发展自然达到的阅读素养水平。

0—3 岁

知识、技能和能力

1. 此阶段为儿童语言发展的第一个关键期、敏感期，儿童一般在 1 岁左右开始使用单音节的词汇表达意思，2 岁左右会有语言的爆发期。

2. 通过亲子共读，3 岁前能掌握 1 000—1 500 个口语词汇，习得基本的生活口语。

3. 儿童 6 个月左右可以开始听读；1 岁左右，可以阅读玩具书；2 岁以后，能结合图片做部分认读，能基本理解适合这个阶段儿童阅读能力的文字和画面。

兴趣、习惯和积累

1. 初步了解"书"的含义，学会有序翻书。

2. 对阅读有兴趣，喜欢重复阅读同一本书。2—3 岁的时候，能主动挑选喜爱的图书和大人共读。

3. 亲子共读婴幼儿图书不少于 30 册，亲子诵读儿歌和童谣不少于 30 首。

情感、态度和价值观
个人、家人与同伴

1. 在听读、共读中，对自我有一定的认知，有强烈的好奇心。

2. 对家人非常依恋，乐意与同伴交往；能初步展示对父母和其他亲近的人的喜爱。

人与自然

1. 喜欢在自然环境中玩耍。

2. 对身边的动植物感兴趣。

3. 可以感知天气的变化。

3—4岁

知识、技能和能力

1. 通过亲子共读，4岁前能掌握1 800—2 200个口语词汇。

2. 喜欢使用新鲜的词语和句子，能够和他人进行生活口语交流。

3. 在阅读中持续积累词汇量，学会一些简单的短语和句子。

4. 在阅读中开始关注汉字，能够区分文字和图画，理解声音和文字的对应关系。

5. 听读能力增强，并能用简单的语言、手势、表情来表达自己的情感。

6. 认识封面，能拿着书一页一页翻看，并能留意观察画面，察觉画面的变化。

7. 在成人的鼓励下，能在阅读中提出简单的问题。

兴趣、习惯和积累

1. 表现出对图书和阅读的兴趣。

2. 喜欢亲子共读，能主动挑选喜爱的图书和大人共读，开始积累文学语言。

3. 喜欢听成人讲故事，喜欢听有声故事。

4. 亲子共读图画书不少于 30 册，亲子诵读儿歌、童谣、古诗等不少于 30 首。

情感、态度和价值观

个人、家人与同伴

1. 在亲子共读中，能初步感受到阅读的乐趣。

2. 乐意与同伴交往，学习互助和分享，有同情心，开始有初步的集体意识；能表达对父母和其他亲近的人的喜爱。

人与自然

1. 初步感知和了解自己生活周围的自然环境。

2. 认识常见的动植物。

3. 能感知和体验天气对自己生活和活动的影响。

社会与国家

1. 初步理解并遵守家庭和幼儿园生活中基本的行为规则。

2. 初步接触到家乡和国家的概念。

文化认同

初步了解常见的中国传统节日。

4—5 岁

知识、技能和能力

1. 通过亲子共读，5 岁前能掌握 2 600—3 000 个口语词汇。

2. 具备一定的生活口语能力，能较好地和同伴、成人交流，具备简单的文学口语能力，能把阅读习得的文学词汇和短句运用到生活中。

3. 认识 30 以内的页码，会按序阅读。

4. 阅读中能向家长和同伴提出简单的问题，表现出对故事内容的理解。

5. 能够将故事里的人和事与自己的真实生活经验联系起来。

6. 能敏锐感知一些故事中事件发生的顺序。

7. 开始展现对汉字的兴趣，以多种形式亲近汉字，并能辨认一些基本汉字。

兴趣、习惯和积累

1. 会将写写画画当成一种有趣的活动。

2. 喜欢阅读图书、图像和观察符号、文字，并有一定的阅读习惯。

3. 亲子共读图画书不少于 40 册，亲子诵读儿歌、童谣、古诗等不少于 40 首。

情感、态度和价值观

个人、家人与同伴

1. 在亲子共读中，进一步感受到阅读的乐趣。

2. 乐意与同伴交往，学习互助和分享，有同情心，有一定的集体意识；能表达对父母和其他亲近的人的喜爱。

人与自然

1. 对大自然里的新事物和自然现象感兴趣。

2. 能通过观察感知动植物生长的变化。

3. 能感知和发现不同季节的特点。

社会与国家

1. 初步理解并遵守日常生活中基本的社会行为规则。

2. 接触到家乡和国家的概念。

文化认同

初步了解常见的中国传统节日和风俗习惯。

5—6岁

知识、技能和能力

1. 通过亲子共读，6 岁前能掌握 3 600—4 000 个口语词汇；具备较好的生活口语能力。

2. 可以在口语中使用新的词汇与语法结构，有一定的文学口语能力。

3. 在关注画面的同时，会更加关注文字，可以点认简单的文字。

4. 对汉字的理解加深，开始发现汉字有同音字、多音字等现象。

5. 能够自主阅读熟悉的图画书，能根据图画讲解简单的情节。

6. 观察力和理解力提高，逐渐能够将故事的前后画面联系起来理解内容。

7. 可以通过预测、提问、复述等策略加深对阅读内容的理解。

兴趣、习惯和积累

1. 以亲子阅读为主，开始进行少量的自主阅读。

2. 对阅读有兴趣，喜爱阅读、听故事等，并有一定的阅读习惯。

3. 亲子共读图画书不少于 50 册，亲子诵读儿歌、童谣、古诗等不少于 50 首。

情感、态度和价值观
个人、家人与同伴

1. 在亲子共读中，发展口语表达和思维能力，积累文学语言，能初步感受到阅读的乐趣，初步感受文学语言的美。

2. 乐意与同伴交往，学习互助和分享，有同情心，有集体意识；能表达对父母和其他亲近的人的喜爱。

人与自然

1. 喜欢大自然，乐于在自然中发现和探索。

2. 初步感受自然万物的节律，初步感知不同生命的独特性。

3. 知道尊重和珍惜生命，保护环境。

社会与国家

1. 初步理解并遵守日常生活中基本的社会行为规则。

2. 接触到家乡和国家的概念。

文化认同

初步了解常见的中国传统节日和风俗习惯。

1年级

知识、技能和能力

识字量和词汇量

1. 到 1 年级末，累计认识常用汉字 1 100 个左右。

2. 学习和使用词汇 2 000 个左右。

方法和策略

1. 学习朗读、默读、猜读等阅读方法。

2. 学习预测、提问等阅读策略。

阅读能力

1. 逐渐从图画书阅读过渡到文字书阅读，从亲子共读过渡到独立阅读。

2. 可以借助拼音，自主阅读桥梁书。

文学类

1. 能够初步通过联系上下文、结合生活实际、展开想象等方法确定词语的意思。

2. 能够找出故事发生的情境，例如时间、地点等。

3. 能够识别并描述一个故事的开头、中间和结尾，以及它的情节和人物。

4. 能够初步描述文本中简单的人物和事件间的关系。

5. 能够借助图画或简单的提示，按照正确的顺序复述故事主要情节。

6. 能够初步感受逗号、句号、问号、叹号所表达的不同语气，了解它们的用法及作用。

7. 能够对阅读内容提出不懂的问题，并简单表达对某个故事的看法和感受。

信息类

1. 能够找到文中明显的描述主题或观点的信息。

2. 能够根据文本已知内容，简单预测或推断某一事件的原因、结果。

3. 能够利用已获得的知识，简单阐释对文本信息的理解。

4. 能够关注图画中的细节。

兴趣、习惯和积累

阅读兴趣和习惯

感受阅读的乐趣，培养专注阅读的习惯。

阅读积累

1. 通过各种方式阅读不少于 10 万字的优质文本。

2. 诵读经典诗文 80 篇。

情感、态度和价值观

个人、家人与同伴

1. 通过阅读，对自我有一定的认知，有强烈的好奇心，对小动物和有生命的事物有同情心，能从作品中获得初步的情感体验。

2. 与家人有更丰富的情感交流，愿意与同伴交往。

人与自然

1. 对大自然有好奇心，愿意亲近大自然，感受自然的美妙。

2. 知道地球是人类与动植物共同的家园。

3. 关心生命，具有保护身边动植物的意识，知道保护环境的重要性。

社会与国家

初步适应学校生活，对学校、社区等身边的环境有初步认识，了解国旗、国徽、国歌，了解祖国的广大。

文化认同

初步感受中华传统文化。

2 年级

知识、技能和能力

识字量和词汇量

1. 到 2 年级末，累计认识常用汉字 1 800 个左右。

2. 累计学习和使用词汇 4 000 个左右。

方法和策略

1. 掌握朗读、诵读、默读、猜读等多种阅读方法。

2. 学习预测、联结、推断、图像化等阅读策略。

阅读能力

逐步脱离拼音，可以自主阅读，对书面语言的感受和理解不断增强。

文学类

1. 能够借助标题、目录、章节的开头等寻找特定的信息。

2. 能够通过联系上下文、结合生活实际、展开想象等方法确定词语、句子的意思。

3. 能够简要梳理故事的情节，并且能够回答含有"谁""什么""什么时候""在哪里""怎么样""为什么"的问题。

4. 能够识别文中事件之间的顺序及因果关系。

5. 基本掌握逗号、句号、问号、叹号的用法及作用。

6. 能初步感受文章表达的情感、语言特点。

7. 能够联系图画的内容，展开想象和联想。

信息类

1. 能够找到文中比较明显的描述主题或观点的信息。

2. 能够根据文本已知内容，简单预测或推断某一事件的原因、结果。

3. 能够利用已获得的知识，阐释对文本信息的理解或是将文本信息与真实生活联系起来。

4. 能够借助插图寻找特定的信息。

兴趣、习惯和积累

阅读兴趣和习惯

1. 感受阅读的乐趣，养成阅读习惯。

2. 除了故事性的阅读，也对知识类读物有一定兴趣。

3. 乐于向别人推荐和分享自己阅读的内容。

4. 借助字典、百科全书等工具书来辅助阅读。

阅读积累

1. 通过各种方式阅读不少于 20 万字的优质文本。

2. 诵读经典诗文 80 篇。

情感、态度和价值观

个人、家人与同伴

1. 通过阅读，对自我有一定的认知，有强烈的好奇心，对小动物和其他有生命的物体有同情心，能从作品中获得初步的情感体验。

2. 与家人有更丰富的情感交流，愿意与同伴交往。

人与自然

1. 对大自然有好奇心，愿意亲近大自然，感受自然的美妙。

2. 知道地球是人类与动植物共同的家园。

3. 关心生命，具有保护身边动植物的意识，知道保护环境的重要性。

社会与国家

初步适应学校生活，对学校、社区等身边的环境有初步认识，了解国旗、国徽、国歌，了解祖国的广大。

文化认同

初步感受中华传统文化。

3 年级

知识、技能和能力

识字量和词汇量

1. 到 3 年级末，累计认识常用汉字 2 400 个左右。

2. 累计学习和掌握词汇 6 000 个左右。

方法和策略

1. 掌握默读，开始学习略读等阅读方法，默读一般读物每分钟不少于 150 字。

2. 学习浏览、精读的阅读方法。

3. 学习推测、批注、想象等阅读策略。

4. 在成人的帮助和指导下，利用多媒体资源阅读。

阅读能力

初步具备自主阅读能力。

文学类

1. 能够使用多种策略来确定生词的含义（比如借助注释、借助插图、联系生活积累、展开想象等）。

2. 能够回忆文章要点或根据故事情节进行简单推论。

3. 能够梳理情节较为简单的故事发展顺序。

4. 能够理解并描述故事中的人物特点、动机、感情等。

5. 能够体会作品中隐含的主题或作者要表达的意思。

6. 能够确定文章的中心思想、道理及寓意，并解释这些寓意在文本中是怎样表达的。

7. 能够表达自己对人物、事件和主题的看法，并说明理由。

8. 能够结合语境体会词语、句子的准确运用、感情色彩及其表达效果。

信息类

1. 能够寻找和确定重要的信息及观点。

2. 能够描述文中特定句子和段落间的逻辑关系。

3. 能够复述作品的主要观点并解释相应的理由。

4. 能够利用已获得的知识，阐释对文本信息的理解，或是将文本信息与真实生活联系起来。

5. 熟悉图形、图像、表格等图表形式。

6. 能够主动关注时间线、绘制说明、地图等信息。

7. 能够尝试解读包含多种概念、较为复杂的图像。

兴趣、习惯和积累

阅读兴趣和习惯

1. 初步养成主动阅读的习惯。

2. 能够主动记下个人感想及心得，对作品内容进行摘要整理。

3. 乐于与同伴交流阅读后的感想。

阅读积累

1. 通过各种方式阅读不少于 60 万字的优质文本。

2. 诵读经典诗文 80 篇。

情感、态度和价值观

个人、家人与同伴

1. 有较强的独立意识，有一定的独立思考能力，能够体会阅读带来的成就感；对万物有更强的好奇心和求索探知的愿望。

2. 与家人有更好的互动交流，同伴的影响力逐渐加强。

人与自然

1. 对大自然充满好奇心，愿意探索和发现。

2. 主动了解人类与大自然的关系。

3. 珍爱生命，愿意保护身边的动植物。保护环境，树立节约自然资源的意识。

社会与国家

1. 初步了解身边的社会，能遵守基本规则。

2. 勇于承担，有合作意识。

3. 对自己的国家和民族有认同感，有民族自豪感。

文化认同

认识中华优秀传统文化和本民族悠久的历史。

4 年级

知识、技能和能力

识字量和词汇量

1. 到 4 年级末，累计认识常用汉字 2 700 个左右。

2. 累计学习和掌握词汇 8 000 个左右。

方法和策略

1. 掌握默读、浏览、略读、回读、精读的阅读方法，默读一般读物每分钟不少于 200 字。

2. 尝试比较阅读。

3. 学习综合的阅读策略。

4. 可以利用各类工具书及网络，搜集信息、组织材料。

阅读能力

在"学习阅读"的同时，尝试"通过阅读来学习"。

文学类

1. 能够联系上下文语境推论出词汇和短语的意思。

2. 能够识别和描述故事的一些基本要素（如情节、人物、背景等）。

3. 能够根据文章中细节的陈述和隐含内容进行预测和推断。

4. 能够根据文本中的信息，解释文本中的事件、顺序、主题、思想或概念。

5. 能够尝试梳理人物心理或情感变化。

6. 能够从人物的外貌、神态、语言、行为等描写中感受人物的品质，体会人物的感情。

7. 能够运用文中的具体细节描述故事中的人物、背景和事件（如人物的思想、语言和行为等）。

8. 能够体会比喻、排比、反问等修辞手法表达的情感和起的作用。

9. 体会文章表达的思想感情。

10. 能够关注图画中的细节，读懂图画中隐藏的含义。

信息类

1. 能够识别和提取文章中重要的信息。

2. 能够描述文中特定句子和段落间的逻辑关系。

3. 能够利用已获得的知识，阐释对文本信息的理解，或是将文本信息与真实生活联系起来。

4. 能够使用文本中的具体例子来解释主要事件、主题或文本的观点。

5. 能够借助图和表中的信息，进一步理解作品的内容和主题。

兴趣、习惯和积累

阅读兴趣和习惯

1. 有自己的阅读喜好，能够自己选择图书。

2. 养成每天阅读的习惯。

3. 愿意与别人分享阅读内容，有读后交流的习惯。

阅读积累

1. 通过各种方式阅读不少于 60 万字的优质文本。

2. 诵读经典诗文 80 篇。

情感、态度和价值观

个人、家人与同伴

1. 有较强的独立意识，有一定的独立思考能力，能够体会阅读带来的成就感，对万物有更强的好奇心和求索探知的愿望。

2. 与家人有更好的互动交流，同伴的影响力逐渐加强。

人与自然

1. 对大自然充满好奇心，愿意探索和发现。

2. 主动了解人类与大自然的关系。

3. 珍爱生命，愿意保护身边的动植物。保护环境，树立节约自然资源的意识。

社会与国家

1. 初步了解身边的社会，建立基本的规则意识。

2. 勇于承担，有合作意识。

3. 对自己的国家和民族有认同感，树立民族自豪感。

文化认同

认识中华优秀传统文化和本民族悠久的历史。

5 年级

知识、技能和能力

识字量和词汇量

1. 到 5 年级末，累计认识常用汉字 3 200 个左右。

2. 累计学习和掌握词汇 10 000 个左右。

方法和策略

1. 阅读速度提升，默读一般读物每分钟不少于 300 字。

2. 熟练运用默读、浏览、略读、回读、精读等方法。

3. 学习比较阅读。

阅读能力

在阅读中有一定的理性思维和逻辑能力，有一定阅读深度。

文学类

1. 能够识别和描述故事的基本要素（如情节、人物、背景等）。

2. 能够从细节的陈述和隐含内容里预测故事的后续发展。

3. 综合运用学过的多种方法理解词句，理解词语和句子在不同语境下的含义。

4. 能够了解叙事性文章的梗概，厘清故事的起因、发展、高潮和结局，感知情节的转折。

5. 能够通过神态、动作、语言描写，体会人物内心，了解人物的思维过程，以及人物对事件的反应。

6. 能够想象诗歌情境，大体把握诗意；想象诗句描绘的景象，识别景物的动态与静态。

7. 能够描述、解释和理解文中的比喻、比较、夸张、设问、想象、象征等，体会其功能和表达效果。

8. 能够评价人物形象和作者观点。

9. 体会文章表达的思想感情，可以和作者产生情感共鸣。

10. 能够初步欣赏作品的结构和语言特点。

信息类

1. 能够识别和分析、概括文章中重要的信息。

2. 能够利用已获得的知识，阐释对文本信息的理解或将文本信息与真实生活联系起来。

3. 能够使用文中信息和例子来解释主题或文本的观点。

4. 能够引用文本中的内容和自己的知识经验作为依据，表述自己对作品的理解。

5. 熟悉更广泛的图表形式，包括标签、剖面图等。

6. 能够从简单的非连续性图文组合材料中，找到有价值的信息。

兴趣、习惯和积累

阅读兴趣和习惯

1. 有浓厚的阅读兴趣，有自己的阅读喜好或偏爱。

2. 乐于与同伴分享阅读内容，有读后交流的习惯。

3. 能使用多种方法辅助阅读。

阅读积累

1. 通过各种方式阅读不少于 100 万字的优质文本。

2. 诵读经典诗文 80 篇。

情感、态度和价值观

个人、家人与同伴

1. 有丰富的情感需求，渴望独立，有一定的自我觉察力。

2. 能体会阅读的愉悦感受，在阅读中培养审美的情趣。

3. 能从作品中获得丰富的情感体验和共鸣，受到优秀作品的感染和鼓励。

4. 积极探究，具有深入思考和批判意识，自我反思意识增强。

5. 更有家庭意识，关心家人、友爱同伴。

6. 与他人和谐相处，能顾及他人的感受和需要。

7. 善于沟通，乐于交流，有合作精神。

人与自然

1. 了解科技与社会、自然之间的相互影响。

2. 了解自然资源循环利用和濒危动植物保护面临的问题。

3. 愿意采取行动保护环境、节约资源，初步理解人与自然和谐相处的意义。

社会与国家

1. 遵守纪律，注重规范，有公德心，了解自己身为国民的基本责任。

2. 对自己的国家和民族有高度认同感，关心祖国建设与发展。

3. 尊重多元文化，欣赏其他优秀文化。

文化认同

了解中华优秀传统文化和本民族悠久的历史，汲取中华文化智慧。

6 年级

知识、技能和能力

识字量和词汇量

1. 到 6 年级末，累计认识常用汉字 3 500 个左右。

2. 累计学习和掌握词汇 12 000 个左右。

方法和策略

1. 能灵活运用各类工具书及网络，扩大阅读范围，进行广泛阅读。

2. 能根据不同体裁，学习选择和运用适切的阅读策略。

3. 默读一般读物每分钟不少于 350 字。

阅读能力

在文学阅读中有一定的理性思维和逻辑能力，有一定阅读深度。

文学类

1. 能够识别和描述故事的基本要素，并解释这些要素是怎样相互关联的。

2. 在阅读故事或小说时，能够利用各种线索对故事发展进行预测。

3. 综合运用学过的多种方法理解词句，理解词语和句子在不同语境下的含义。

4. 能够围绕中心或线索，了解叙述顺序，厘清结构层次，厘清故事的起因、发展、高潮和结局，感知情节的转折。

5. 通过神态、言行描写，体会人物的情感与品质，把握人物的特点、性格，分析人物行为的动机。

6. 阅读诗歌，大体把握诗意，想象诗歌描述的情境，分析古诗中蕴含的情感。

7. 能够评价人物形象和作者观点。

8. 能欣赏文章在语言、结构等方面的特点，理解文章表达情感的方法，体会作者表达的思想感情。

9. 初步具有批判性思维，对作品表达的主题、价值观，塑造的人物形象，有自己的思考和表达。

信息类

1. 能够利用已获得的知识，阐释对文本信息的理解，或是将文本信息与真实生活联系起来。

2. 能够使用文中信息和例子来解释主题或文本的观点。

3. 能够引用文本中的内容和自己的知识经验作为依据，表述自己对作品的理解。

4. 识别并区分材料中的观点、事实、数据等关键信息。

5. 能够利用索引、地图、插图等定位信息。

6. 能够从图表中获取重要信息。

兴趣、习惯和积累

阅读兴趣和习惯

1. 逐步建立个人的阅读趣味和评价标准。

2. 养成自主阅读、独立阅读、比较阅读的习惯，让阅读成为生活的重要部分。

3. 从阅读中寻找解决现实问题的方法。

阅读积累

1. 通过各种方式阅读不少于 100 万字的优质文本。

2. 诵读经典诗文 80 篇。

3. 小学阶段结束，累计阅读量不少于 350 万字。

情感、态度和价值观

个人、家人与同伴

1. 有更丰富的情感需求，有一定的自我觉察力。

2. 能体会阅读的愉悦感受，在阅读中培养审美的情趣。

3. 能从作品中获得丰富的情感体验和共鸣，受到优秀作品的感染和鼓励。

4. 积极探究，具有深度思考能力和批判意识，自我反思意识增强。

5. 更有家庭意识，关心家人、友爱同伴。

6. 与他人和谐相处，能顾及他人的感受和需要。

7. 善于沟通，乐于交流，有合作精神。

人与自然

1. 了解科技与社会、自然之间的相互影响。

2. 了解自然资源循环利用和濒危动植物保护面临的问题。

3. 愿意采取行动保护环境、节约资源，初步理解人与自然和谐相处的意义。

社会与国家

1. 遵守纪律，注重规范，有公德心，了解自己身为国民的基本责任。

2. 对自己的国家和民族有高度认同感，关心祖国建设与发展。

3. 尊重多元文化，欣赏其他优秀文化。

文化认同

了解中华优秀传统文化和本民族悠久的历史，汲取中华文化智慧。

7 年级

知识、技能和能力
识字量和词汇量
1. 到 7 年级末，累计认识常用汉字 3 600 个左右。

2. 累计学习和掌握词汇 15 000 个左右。

方法和策略
1. 学会制订自己的阅读计划，广泛阅读各种类型的读物。

2. 使用适切的工具书辅助阅读。

3. 有一定的阅读速度，默读一般读物每分钟不少于 500 字。

阅读能力
文学类
1. 能识别小说、散文、诗歌等不同体裁的作品，并描述它们的关键特征。

2. 识别文学作品中的某些写作手法，比如伏笔、铺垫等，并理解其表达效果。

3. 识别和描述人物特点在情节中的作用。

4. 通过对人物神态、动作、语言的描述，体会人物内心。

5. 梳理重要情节，把握内容要点和文章脉络。

6. 对比阅读，比较、归纳文本在语言、结构等方面的特点。

7. 结合文学作品，解释常见写作手法的表达效果。

8. 从形象、语言等角度欣赏文学类文本，对文本的内容和表达有自己的心得，能提出独立的看法。

信息类

1. 识别并区分材料中的观点、方法、事实、数据、图表等关键信息。

2. 找出观点与材料之间的关系，并做出合理的推论与判断。

3. 依据特定方向，比较多篇信息类文本中的不同观点。

4. 概括和解释信息类材料中的主要观点和支撑观点的细节。

5. 领会文本中体现的科学思维方法和科学精神。

6. 评判作者的观点，表达自己的观点并说明理由。

7. 能够使用索引、地图、插图等定位和梳理信息。

兴趣、习惯和积累

阅读兴趣和习惯

1. 开始关注专题性、研究性、综合性阅读。

2. 阅读后乐于发表观点，友好交流。

3. 建立个人阅读趣味和评价标准。

阅读积累

1. 通过各种方式阅读不少于 120 万字的优质文本。

2. 诵读经典诗文 100 篇。

情感、态度和价值观

个人、家人与同伴

1. 在发展语言能力的同时，发展思维能力，激发想象力和创造潜能，逐步形成积极的人生态度和正确的价值观。

2. 提高文化品位和审美情趣，学会鉴赏文学作品，受到高尚情操与趣味的熏陶，发展个性，丰富自己的精神世界。

3. 阅读科学作品，逐步养成实事求是、崇尚真知的科学态度，初步掌握科学的思维方法。

4. 有较强的家庭意识，关怀并扶持家人。

5. 学会倾听，乐于表达，善于交流。

6. 发展合作和互助精神。

人与自然

1. 具有生态意识、环保意识和可持续发展的观念。

2. 树立人与自然和谐共生的价值观。

社会与国家

1. 了解身为国民的责任，履行义务，有使命感。

2. 了解并遵守基本社会规范和一般社会规则，逐渐认同社会生活的价值。

3. 关心当代文化生活，尊重多样文化，汲取人类优秀文化营养。

文化认同

1. 认识中华文化的丰厚博大，吸收民族文化智慧。

2. 热爱母语，热爱本民族和本国优秀文化。

知识、技能和能力

识字量和词汇量

1. 到 8 年级末，累计认识常用汉字 3 800 个左右。

2. 累计学习和掌握词汇 16 000 个左右。

方法和策略

1. 制订自己的阅读计划，广泛阅读各种类型的读物。

2. 能对所要查询的问题有初步的概念，使用适切的工具书辅助阅读。

3. 能运用阅读其他相关作品的经验辅助阅读。

4. 有一定的阅读速度，默读一般读物每分钟不少于 500 字。

阅读能力

文学类

1. 识别小说、散文、诗歌等不同体裁的作品，并描述它们的关键特征。

2. 识别文学作品中的某些写作手法，比如伏笔、铺垫等，并理解其表达效果。

3. 识别和描述人物特点在情节中的作用。

4. 通过对人物神态、动作、语言的描述，体会人物内心。

5. 能够深入分析作品内容，分析并把握作者的写作思路。

6. 对比阅读，分析并概括文本在语言、结构等方面的特点。

7. 理解更加抽象的文学形式，比如讽刺文学等。

8. 对文章内容有自己的看法，能够准确表达自己的心得体会。

9. 初步鉴赏文学类文本，把握文本语言、形象和表达技巧，提出自己的看法。

10. 能够阅读和欣赏社会背景更深广的文学作品，理解人物性格和发展，以及人物与社会环境之间的互动关系。

信息类

1. 找出作者所要解决的主要问题。

2. 识别并区分材料中的观点、方法、事实、数据、图表等关键信息。

3. 找出观点与材料之间的逻辑关系，并做出合理的推论与判断。

4. 从多个角度比较多篇信息类文本中的不同观点。

5. 梳理文章材料的层次，概括材料中的主要内容。

6. 领会文本中体现的科学思维方法和科学精神。

7. 评判作者的观点，表达自己的观点并说明理由。

8. 能够对不同的图表进行解读和分析。

兴趣、习惯和积累

阅读兴趣和习惯

1. 发展专题性、研究性、综合性阅读。

2. 阅读后乐于发表观点，友好交流。

3. 建立个人阅读趣味和评价标准。

阅读积累

1. 通过各种方式阅读不少于 120 万字的优质文本。

2. 诵读经典诗文 100 篇。

情感、态度和价值

个人、家人与同伴

1. 心态积极乐观，能有意识地调控自己的消极情绪，学会跟他人倾诉和沟通。

2. 在发展语言能力的同时，发展思维能力，激发想象力和创造潜能，逐步形成积极的人生态度和正确的价值观，提高文化品位和审美情趣。

3. 鉴赏文学作品，受到高尚情操与趣味的熏陶，发展个性，丰富自己的精神世界。

4. 阅读科学作品，逐步养成实事求是、崇尚真知的科学态度，初步掌握科学的思想方法。

5. 有强烈的家庭意识，关怀家人，并能和家人保持亲密关系和良好互动。

6. 珍视伙伴，尊重他人人格，发展稳定健康、合作和互助的同伴关系。

7. 学会倾听，乐于表达，善于交流。

人与自然

1. 具有积极保护环境的意识和推动可持续发展的责任感。

2. 主动践行资源节约、环境友好的生活方式。

社会与国家

1. 了解身为国民的责任，履行义务，有使命感。

2. 了解并遵守社会基本规范和国家的法律法规，认同社会生活的价值，并积极参与社会活动。

3. 关心当代文化生活，尊重多样文化，吸取人类优秀文化的营养。

4. 关注影响全球的时事动态，对本国在全球范围内的政治、经济和文化等方面的发展有一定认识和见解。

文化认同

1. 认识中华文化的丰厚博大，了解本民族文化的历史渊源，吸收民族文化智慧。

2. 热爱母语，热爱本民族和本国优秀文化，具备基本的中国文化常识。

9 年级

知识、技能和能力

识字量和词汇量

1. 累计认识常用汉字 4 000 个左右。

2. 累计学习和掌握词汇 18 000 个左右。

方法和策略

1. 熟练制订自己的阅读计划，广泛阅读各种类型的读物。

2. 综合运用多种方法辅助阅读。

3. 有一定的阅读速度，默读一般读物每分钟不少于 500 字。

阅读能力

文学类

1. 识别小说、散文、诗歌、戏剧等不同体裁的作品，并描述它们的关键特征。

2. 识别文学作品中一些特别的写作手法，比如双线并进、蒙太奇、开放式结尾等，并理解其表达效果。

3. 识别和描述人物性格演进和环境变化的互动关系。

4. 通过对人物神态、动作、语言及外部环境、氛围的描述，体会人物内心。

5. 能够深入分析作品内容，分析并把握作者的写作思路。

6. 对比阅读，分析并概括文本在语言、结构等方面的特点。

7. 理解古典文学在叙述结构、语言表达、文化特征等方面的特点。

8. 对文章内容有自己的看法，能够准确表达自己的心得体会。

9. 对于同一作品，能够从不同角度提出自己的看法。

10. 能深刻理解作品的内在逻辑与思想情感。

信息类

1. 找出作者所要解决的主要问题。

2. 识别并区分材料中的观点、方法、事实、数据、图表等关键信息。

3. 找出观点与材料之间的关系，并做出合理的推论与判断。

4. 从多个角度，比较多篇信息类文本中的不同观点。

5. 梳理文章材料的层次，概括材料的主要内容。

6. 解释信息类材料中的主要观点和支撑观点的细节。

7. 领会文本中体现的科学思维方法和科学精神。

8. 分析作者观点表达的现实意义，评判作者的观点，表达自己的观点和理由。

9. 运用合作的方式，与他人共同探讨、分析、研究感兴趣的话题。

10. 能够举一反三，在分析图表的过程中找出规律，总结出不同类型图表的阅读方法和技巧。

兴趣、习惯和积累

阅读兴趣和习惯

1. 发展个性化阅读。

2. 建立个人阅读趣味和评价标准。

3. 阅读有一定深度的作品。

阅读积累

1. 通过各种方式阅读不少于 120 万字的优质文本。

2. 诵读经典诗文 100 篇。

3. 初中阶段完成时，总阅读量不少于 360 万字。

情感、态度和价值观

个人、家人与同伴

1. 逐步形成积极的人生态度和正确的价值观，提高文化品位和审美情趣。

2. 鉴赏文学作品，受到高尚情操与趣味的熏陶，发展个性，丰富自己的精神世界。

3. 阅读科学作品，逐步养成实事求是、崇尚真知的科学态度，初步掌握科学的思维方法。

4. 有家庭意识，积极履行家庭责任，关怀并扶持家人。

5. 学会倾听，乐于表达，善于交流。

6. 交友积极健康，能保持稳定的同伴友谊，尊重他人人格，能主动与人协作，乐于分享和表达。

人与自然

1. 初步理解科技与社会、自然之间的关系，关注生态问题。

2. 初步形成热爱自然、珍爱生命、保护环境的责任感。

社会与国家

1. 了解身为国民的责任，履行义务，有使命感；了解并遵守社会基本规范和国家法律法规，认同社会生活的价值，有公益意识，能主动帮助弱势群体，积极参与社会活动。

2. 有一定深度的爱国主义情感和比较深刻的爱国主义体验，自觉维护国家尊严。

3. 关心当代文化生活，尊重文化多样性，汲取人类优秀文化的营养，对各国文化传统有一定的了解。

文化认同

1. 认识中华优秀传统文化的丰厚博大，尊重并理解本民族的历史渊源和文化特质，并自觉吸收民族文化智慧。

2. 热爱母语，热爱本民族和本国优秀文化；了解中国文化常识，继承和发扬优秀的文化传统。

高中阶段

知识、技能和能力

识字量和词汇量

1. 累计认识汉字 4 000 个左右。

2. 累计学习和掌握词汇 20 000 个左右。

方法和策略

1. 学会根据不司目的自主地选择阅读材料，运用多媒体获取信息。

2. 独立阅读，灵活运用精读、略读、浏览等方法。

3. 能借助注释和工具书，阅读各类作品。

4. 阅读速度进一步提高，默读一般读物每分钟不少于 600 字。

阅读能力

1. 对各种文学体裁具备较强的文学感受力、文学理解力和文学鉴赏力，同时具备一定的批判性思维能力。

2.在阅读多种材料后形成自己独特的见解，具备较强的探究性阅读、研究性阅读、专题性阅读能力。

3.能通过阅读提升思维品质，增强感受力、审美力、表达力和解决问题的能力。

4.阅读理解能力和阅读速度可以应对富有挑战性的阅读需求。

兴趣、习惯和积累

阅读兴趣和习惯

1.有广泛的阅读兴趣和开阔的阅读视野。

2.注重个性化阅读，学习探究性阅读和创造性阅读。

3.养成相互切磋的习惯，乐于与他人交流自己的阅读鉴赏心得，展示自己的学习成果。

阅读积累

1.诵读经典诗文不少于 150 篇。

2.阅读各类文本的总量不少于 400 万字。

情感、态度和价值观

个人、家人与同伴

1.能树立自己的理想和志向，形成积极的人生观和正确的价值观，提高文化品位和审美情趣。

2.阅读优秀母语作品，品味语言，感受和体会母语的魅力，热爱母语文字之美。

3. 发展科学思维，掌握基本的科学方法，崇尚严谨求真、勇于创新的科学精神，养成良好的科学素养。

4. 有家庭意识，积极履行家庭责任，关怀并扶持家人。

5. 学会倾听，乐于表达，善于交流。

6. 交友积极健康，能保持稳定的同伴友谊，尊重他人人格，能主动与人协作，乐于分享和表达。

人与自然

1. 深刻理解自然环境是人类赖以生存的基本条件，在保护环境的行动中，能够积极承担起个人责任。

2. 从人文和科学的角度都能对大自然生起爱护之心、敬畏之心。

社会与国家

1. 了解并履行公民义务，有使命感；了解并遵守基本社会规范和国家法律法规。认同社会生活的价值，有公益意识，能主动帮助弱势群体。

2. 有一定深度的爱国主义情感和比较深刻的爱国主义体验，自觉维护国家尊严；形成正确的价值观，深化热爱祖国的感情。

3. 对各国文化传统有一定的了解，尊重和理解文化差异性，汲取人类优秀文化的营养。

4. 关心人类共同价值，有对人类命运共同体的基本认知。

5. 关注影响全球的时事动态，针对全球范围内的政治、经济和文化等方面的事件，有自己的认识和见解。

文化认同

1. 尊重并理解本民族的历史渊源和文化特质，并自觉吸收民族文化智慧，继承和发扬优秀的传统文化。

2. 热爱本民族和本国优秀文化，体会中华优秀传统文化的博大精深、源远流长。

文本分级标准

界定和说明

亲近母语的文本分级标准主要从字、词、句、文本特征等方面，综合考量适合各阶段儿童阅读的文本，建构文本难易度分级的标准。

当前对中文文本难易程度的判断，虽然有了一些通过算法、大数据和人工智能等手段的分级尝试，但由于中文的特性和技术的限制，这些探索还处于起步阶段，没有形成一个公认的体系。当然这也是正常的，即便是英文分级阅读中发展较为成熟的 A—Z 英文分级阅读体系，也十分强调专家的经验与共识对文本分级的重要性。

亲近母语中文分级阅读标准，主要探索大规模基于算法的文本自动分级和由专家人工校准的科学的文本分级方法。

适用文本

亲近母语中文分级阅读标准的适用文本，从儿童阅读的需要出发，尽可能涵盖所有类型。从语言的时代性划分，包括文言文、古白话和白话文文本。从是否押韵的角度分为韵文和非韵文文本。从篇幅上分为单篇文本和整本书文本。从类型上分为文学类文本和信息类文本。以适合儿童阅读的文本来说，既有专门为儿童创作的图画书、儿童文学、人文和科学童书，又有适合儿童阅读的中外文学、人文、科学等图书。

在目前的研究阶段，亲近母语对中文文本的计算机自动分级，重点针对白话文文本、非诗歌文本，覆盖单篇和整本书，包含文学类文本和信息类文本，兼顾人文、科学文本。针对中文的特点和儿童阅读素养提升的需求，在儿童阅读素养发展标准和指导性体系框架内的诗歌、古白话、文言文文本的分级，主要采用专家人工分级的方法。

标准适用的文本题材和体裁也是多样的，但只有适合儿童各阶段身心发展特点的文本才能列入分级的范围。文本分级标准将文学类文本和信息类文本进行了区分，主要是考虑二者在体裁、写作目的、表达方式等方面的巨大差异。文学类文本，比如童话、小说、散文等，多需要读者运用形象思维，调动个人经验和主观感受来揣摩、体会文章的表现手法、人物心理活动等。信息类文本主要是传递信息、阐释概念，多采用举例子、打比方、列数字等说明方法表现，相对具有客观、理性的特点。因此，我们在"文本特征"下的"形式特征"这个子维度中，对文学类文本和信息类文本进行了部分区别处理。

此外，中文分级阅读的文本分级对象并不局限于国内原创作品，还包含国外翻译作品。目前，市场上已进入公版的儿童文学经典通常有多个译本，译文风格也不相同。引进的有版权的作品，翻译质量也良莠不齐。给不同年龄段孩子选择译本时，需要进行综合比对，选择更优质的译本。

中文分级阅读需要解决文本如何分级的问题，但有一个前置问题也很重要，这就是哪些作品更经典、更优质、更适合儿童阅读。这个问题有两个方面需要兼顾。一方面，我们对儿童阅读的文本，需要秉持开放、宽容的原则，因为儿童的阅读需求是丰富多元的，同时从供给侧和阅读生态的角度而言，只有童书创作和出版生态更宽松、更健康，更多、更优质、更经典的作品才更有可能出现；另一方面，需要有机构，或者有机制，将更好的作品筛选出来，推荐给儿童、家庭和学校。

这个问题不在中文分级阅读标准的研究范围内，但在亲近母语儿童阅读的研究范围之内。亲近母语每年公布的儿童分级阅读书目，不仅是将优秀的童书做科学分级，推荐给更多的孩子，还是在做遴选、优选的工作。新阅读研究所、爱阅基金会也在这方面做出了很大的贡献。

文本分级标准的维度阐释

"阅读是'解码'和'理解'两者的结合"[①]，是与文本互动之后的结果。亲近母语对中文文本分级的研究与探索，始终遵循以儿童为本位的核心理念，力求从儿童出发，多维度、立体化地关注文本的特点，从而更好地使文本与儿童的兴趣和阅读能力相匹配。

文本分级标准参考的因素主要包括字和词、句子复杂度、文本特征、插图等，详见图4。

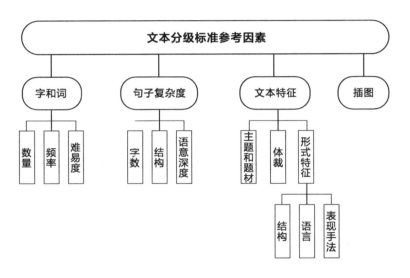

图4　文本分级标准参考因素

---

① 谢锡金，林伟业.提升儿童阅读能力到世界前列 [M].北京：北京师范大学出版社，2013：2.

1. 字和词（数量、频率、难易度）

文本中陌生字词的数量将直接影响儿童阅读的流畅度。西方研究显示，只要在文本里有 5% 的单词不认识，孩子就可能很难流畅阅读。不过，这一因素也不绝对，在中文阅读中，孩子具有一定的猜读和跳读的能力，并不需要对每一个字都认识才能阅读。

在前文关于中文特性的阐释中，我们已经对此做了相对充分的阐释。汉字虽然很多，难学难认，但汉字的常用字只有 3 500 个。认识这些常用字，基本可以满足中文分级阅读的要求。在包含了 9 100 万字符的国家语委现代汉语平衡语料库中，这些常用字的覆盖率高达约 99.5%。

一般情况下，汉字的难易程度，和文本的难易程度呈正相关；同时，一般情况下，儿童识字量的多少，和儿童阅读素养水平也呈正相关。

汉字是语言书写系统的最小单位，其难度会影响文本的阅读难度。如何进一步确定 3 500 个常用字的难易度，如何对其更好地进行分级？每个级别，应该选择哪些汉字？这些都是中文分级阅读研究需要解决的问题。目前，《亲近母语常用汉字分级表》正在同步研发中。

再来看词汇。词在汉语阅读中发挥着重要作用，也是影响文本阅读难度的关键因素。词的难度可以从词形、词性、词义 3 个层面进行考量。在词形方面，主要有词种数、平均词长、平均词频及低频词比例等影响难度。在词性层面，不同词类的词汇占比也会影响文本的难度系数，比如名词、动词、助词、副词等词汇的占比情况也会影响难度级别。在词义层面，一般来说，随着文本难度级别的增高，表示抽象事物的词汇在文本中占的比例就会逐渐增高，表示具体事物的词汇占比就会逐渐降低，这符合人们从具体到抽象的事物认知规律。

古汉语以单音节词为主，现代汉语以双音节词为主。现代汉语中不少双音节词，是在古汉语中单音节词的基础上发展而来的。例如"妻子"，在古代指的是妻子和儿女，在现代汉语中，则需要用两个双音节词来表现。

词的难度，跟字的难度，一般呈正相关，但也不完全一致。例如"于是"，字都很简单，但它是虚词，儿童理解起来，就有一定困难。词出现的频率，跟词的难易度也直接相关。高频词，一般情况下，运用广泛，容易理解；低频词，运用少，难度大。词汇的难度，跟文本难度一般情况下也呈正相关。词汇难度小，文本难度通常也小。

需要注意的是，儿童阅读的词汇跟成人阅读的词汇有一定的差异。亲近母语正在尝试将专业研究与人工智能技术相结合，已初步研发出符合儿童阅读规律的《亲近母语中文常用词汇分级表》。亲近母语在汉字分级和词汇分级上做了大量的基础研究，希望为文本分级标准的研制建立可信的依据。

2. 句子复杂度（字数、结构、语意深度）

中文信息类文本的分级标准和英文分级阅读标准没有太大

的差异。一般情况下，句子越长，结构越复杂，文本难度越大。

文学性文本的分级则要复杂得多。一般情况下，句子越长，难度越大。但也不完全是这样，很多儿童文学作家，往往很照顾儿童的阅读体验，包括很多现当代文学作品，优秀的作家都受到母语的深度滋养，他们往往喜欢运用短句子来讲故事，描写人物语言和场景。他们也经常通过言外之意来表达，运用景语、情境等来表达感情和思想。因此句子的长短并不能作为衡量文本难易度的唯一标准。

句子按结构可分为单句和复句两种。一般情况下，单句语意较为简单，难度较低；复句语意比较复杂，难度较大。

语意深度是一个比较复杂的因素。一般情况下，一些有思想深度的话题，一些有特殊背景和情境的表达，一些相对晦涩、艰深的领域，将直接影响文本的难度。

亲近母语的文本分级标准，将句子的字数，即句长，也作为一个参照因素。目前的文本分级，还需要专家适当人工介入，针对一些语言风格特别突出的作家，根据文本表达的情感和思想，调整和确定其分级。

3. 文本特征 [题材，主题，体裁，形式特征（表现手法、结构、语言）]

文本特征是文本分级标准中不可忽略的参考因素，它包含了题材、主题，体裁，形式特征，其中形式特征又包含表现手法、结构和语言。

就题材而言，不同题材的作品难度，取决于儿童的认知范畴和生活学习经验。从儿童熟悉的范围展开，比如从动物、植物、家庭、自然等，逐渐扩展至校园、社会、国家、世界等更加广泛的范畴。即由熟悉的事物扩展到陌生的事物，题材更丰富，所需掌握的背景知识更多，也更复杂，所以题材的难度也由简单到复杂。

广博的题材是产生文本内容的基本因素，而经由作者提炼和呈现在作品中的思想和情感，往往表现为文本的主题。

主题不同，文本的难度也有所不同。比如一些贴近儿童生活的文本主题，如引导儿童了解自己的身体、认识动植物、熟悉交通工具、养成良好的生活习惯等主题，较为具象，容易理解。再比如一些稍微抽象的主题，如勇敢、信念、冒险等，这些主题与前面的主题相比就难一点。还有一些主题更加复杂，远远超出儿童自身的经历和课本中所学到的知识，比如歧视、苦难、民族存亡等主题，那么这些主题的文本无疑难度更大。

围绕不同主题，作家通常会选择一种样式来呈现，这便是文本的体裁。基于对儿童语言、心理发展状况、阅读状况的了解，以及对文学的，尤其是儿童文学的各种文体研究，朱自强教授提出了儿童文学分级阅读的五项原则，其中一个有关文学体裁的分级原则是"叙事在前，写景、抒情、议论在后"。

从表现手法来看，小学低学段的文学类文本通常包含简单的人物和故事情节，叙述手法也相对简单。文本结构明确、直接，通常只有一条主线，尽管也会出现一些抽象的概念，但是标题、主题句等元素都能够以较为直接的方式呈现，帮助儿童理解。

相比较而言，小学高学段的文学类文本通常包含多种描绘角色特征的方式，包括外貌描写、动作描写、语言描写、心理描写、他人视角描写等。故事要素之间的关系变得更加复杂，需要更多的解释。结构上，主线之外还可能存在支线，需要儿童更多地关注文本中的提示信息。高学段的信息类文本在呈现方式上会更加复杂，文本类型增多，格式多变。当儿童没有足够的背景知识支持，或是阅读不太熟悉的领域的相关文本时，则容易产生阅读障碍。同时，文本的信息量也会增大。初中阶段的信息类文本类型更加广泛，语言上既有偏重理性的描述，也有散文式的文字风格，注重语言的美感，兼具人文性和科学性。对于文本中出现的新术语，儿童在理解时可能需要联结多个学科的背景知识。

4. 插图

插图在儿童的阅读中起着辅助作用，因此将其作为文本分级的子维度之一进行考量。以 0—6 岁儿童为阅读对象的童书，多数是图画书，随着阅读对象年龄的增大，图画和文字的比例在不断变化，画面的内容和画风也不断丰富。

桥梁书是介于图画书和纯文字书之间的一种图书类型，一般文字量在 1 万字以内，图文比例介于 1：1 和 1：2 之间，故事内容简单，文字重复性强。一般适合小学低年级儿童阅读。

到了小学中年级，学生有了一定的识字量，掌握了基本的阅读策略，这一时期学生阅读的图书多以文字为主，配合适量的插图，学生可以借助插图、文后的注释或者贴士等辅助工具，来帮助理解文本中较为抽象的概念。

小学高年级的学生，具备了一定的阅读速度，适合他们阅读的人文百科作品在语言文字的质量上要求也会更高，文字的阅读难度也会相应加大。因此，一些更为细腻流畅的笔记类语言或较为专业的观察式记录，能够成为他们的写作指引。

亲近母语文本分级标准

根据以上维度，亲近母语提出以下文本分级标准。前面已经表述过，为了便于学校和家庭的应用，我们主要根据年龄段和年级段来划分，但在实际应用时，可以做更具体细致的划分。

0—3岁

字和词（数量、频率、难易度）

1. 无字或仅有少量提示文字。
2. 较多重复的、简单的字或词语。
3. 以名词和动词为主，拟声词比较多。

句子复杂度

1. 该阶段儿童掌握句型的顺序是：单词句（1—1.5岁）→双词句（2岁左右）→简短的单句（2岁开始）→简单的复句（2.5岁开始）。

2. 句子简短，以无修饰语的简单句为主，出现少量有简单修饰语的单句。

3. 句式重复。

文本特征

1. 文本主题和题材

主题多和儿童日常生活相关，比如上厕所、吃饭、睡觉等。

题材多为身体、动物、食物、交通工具、生活习惯等。

2. 文本体裁

有韵律的儿歌、童谣。

图画书故事。

生活常识、认知百科等。

3. 文本形式特征（结构、语言、表现手法）

文学类

语言口语化，具有节奏感和趣味性。

多为节奏简单的儿歌、童谣或以拟声词为主的短句。

信息类

内容的呈现以图为主，仅有少量提示文字。

内容有趣味性。

分类注重从部分到整体、从易到难的引导。

插图

图画占据绝对主导地位。

构图简单，色彩丰富，可以通过画面猜想故事内容。

3—4岁

字和词（数量、频率、难易度）

多为日常生活中常用的字和词汇。

较多重复的词语。

以名词、动词、形容词等实词为主。

句子复杂度

使用带有修饰语的简单句。

使用复杂句，如连动句等。

出现少量简单的复合句。

句式重复。

文本特征

1. 文本主题和题材

主题多为生活类，主要表现日常生活中最常见的事物。

题材多为家庭、友情、动物等。

2. 文本体裁

浅显易懂的儿歌、童谣、故事及知识启蒙。

图画书故事。

3. 文本形式特征（结构、语言、表现手法）

文学类

以生活化的口语为主，有简单的对话和文学性语言。

情节重复较多。

内容有趣，开始具有细节感。

信息类

简单的信息类文本。

语言生活化，将认知内容放入儿童熟悉的生活场景中。

插图

图画占据主导地位。

构图简单，可以让孩子通过画面猜想故事内容。

整体画风可爱、简约，画面细节不宜多，也不宜杂。

4—5岁

字和词（数量、频率、难易度）

词汇的数量和种类明显增加。

介词、连词、助词等虚词增多。

生活中不常用的词汇增多。

句子复杂度

句子逐渐变长，句式开始变得复杂，但仍以单句为主。

复合句增多，以联合复句为主，出现少量的主从复句。

句式仍较多重复。

文本特征

1. 文本主题和题材

主题仍以贴近儿童生活为主，但以更多的方式呈现。

题材内容从日常生活逐步延伸到外部世界，比如幼儿园、游乐场、动物园等。

2. 文本体裁

有韵律的儿歌、童谣，浅近的古诗，简单的幼儿故事、幼儿散文、童话、寓言、民间故事等幼儿文学。

幼儿能理解的谚语、熟语。

图画书故事。

3. 文本形式特征（结构、语言、表现手法）

文学类

生活化的口语为主，对话变长，文学性语言增多。

情节有重复，有递进，能引发推理、想象。

内容有趣，开始具有细节感。

信息类

简单的信息类文本。

语言生活化，认知内容一般为儿童熟悉的生活场景，但更为丰富和多元。

插图

图画占据主导地位，留给文字的位置开始加大。

图画中有了更多的细节，传递大部分信息，剩下的信息可由文字传递。

构图和角色绘制生动，充满童趣，并更具细节化。

5—6岁

字和词（数量、频率、难易度）

词汇的数量和种类继续增加。

介词、连词、助词等虚词进一步增多。

开始注意量词和名词的搭配。

生活中不常用的词汇进一步增多。

句子复杂度

句子进一步变长，仍以单句为主。

重复的句式变少。

出现有一定难度的复合句。

文本特征

1. 文本主题和题材

主题多贴近儿童生活，但以更丰富的方式呈现。

题材逐渐广泛，涉及自然、科学、亲情、友情、成长、想象等。

2. 文本体裁

有韵律的儿歌、童谣，浅近的古诗，简单的幼儿故事、幼儿散文、童话、民间故事等幼儿文学。

幼儿能理解的谚语、熟语。

图画书故事。

3. 文本形式特征（结构、语言、表现手法）

文学类

以生活化的口语为主，对话变长，文学性语言增多。

情节有重复，有递进，能引发推理、想象。

内容开始具有细节感。

信息类

简单的信息类文本。

初步包含一定的专业知识。

认知内容涵盖更丰富的领域。

插图

画面可稍微复杂一些，几种事物形象可以互相配合，但仍突出主要部分。

画面可以情节画面为主，并配有适当文字。

图画传递部分信息，剩下的信息可留给文字去展现。

画面细节更加丰富，可以考察孩子的眼力。

构图和角色绘制生动，充满童趣，细节更加丰富。

1 年级

字和词（数量、频率、难易度）

词语出现更多的变化，重复的词语变少。

文字浅显、醒目，一般标注拼音。

文本中开始出现一些非儿童生活化的口语词语。

句子复杂度

句子长度适中。

结构以单句为主，有简单的复句（比如并列句、转折句等）。

文本特征

1. 文本主题和题材

单个文本的主题具体且相对单一，文本中有明显的主题句。

多数主题贴近儿童生活，比如校园生活、亲情、友情、汉字、季节、节日、游戏等。

2. 文本体裁

文学类

儿歌、童谣、特别简单的童诗、浅近的古诗。

浅显的童话、儿童故事、民间故事、神话故事、儿童散文等。

常以桥梁书的形式出现。

信息类

简单、短小的说明文。

简单的儿童科普类读物。

3. 文本形式特征（结构、语言、表现手法）

文学类

仍以浅显的口语为主，有少量成语或其他文学词汇，通常包含简单的人物和故事情节。

简单的叙述手法，一般采用顺叙。

文本结构明确、直接，通常只有一条主线。

关注儿童心理，描写儿童的语言、生活、想法、幻想。

信息类

具有非常明确、直接的文本结构。

开始包含一些抽象的概念，但是文本、插图等能够帮助理解。

插图

插图所占的篇幅较大，图画书和桥梁书占有一定的比重。

插图可以为阅读提供适度的帮助。

插图中包含更多的细节。

插图趣味性强。

2 年级

字和词（数量、频率、难易度）

词汇量更加丰富。

复杂词语的数量增多。

开始出现非生活化的口语词语。

句子复杂度

句子的长度有所增加，句型更加复杂。

句群和段落关系更丰富。

文本特征

1. 文本主题和题材

文本中有关键词提示主题，多数主题仍然贴近儿童生活，但题材更加广泛。

2. 文本体裁

文学类

儿歌、童谣、简单的童诗、浅近的古诗。

童话、简单的儿童故事、神话故事、寓言故事、民间故事、成语故事、儿童散文等。

常以桥梁书的形式出现。

信息类

信息类文本增多。

开始涉及少量日常实用类文本，比如通知、公告、说明书等。

3. 文本形式特征（结构、语言、表现手法）

文学类

语言风格更加多样化，在口语化的语言风格基础上，一些平实自然、简明欢快的语言风格也逐渐出现。

故事出现更多的细节，对人物的描述也有所增加。

信息类

偏理性或说明性的描述增多，以"为什么""怎么样"引导的句式逐步增加。

插图

仍然有较丰富的插图，帮助孩子理解文本。

可能包括时间线、插图说明、地图等。

3 年级

字和词（数量、频率、难易度）

出现最常用的 1 500 个以外的汉字。

文本中出现的名词、动词、形容词更丰富。

开始接触文言词语。

理解字词时，需要用到更多的策略。

句子复杂度

文本中出现的句式有一定难度。

结构相似、简单重复的段落减少。

文本特征

1. 文本主题和题材

出现一些抽象主题，比如成长的烦恼、人与人之间的差异等主题，更具探索性和开放性。

2. 文本体裁

文学类

儿歌、童谣、童诗、古诗、浅近的文言文和中外现当代诗歌。

相对复杂的童话、动物故事、儿童故事、神话故事和传说、寓言故事、儿童散文等。

信息类

包括说明书、程序性文本、简单的议论文、地图、票据等，帮助儿童在不同的文体结构中学会如何提取信息。

3. 文本形式特征（结构、语言、表现手法）

文学类

故事脉络清晰、情节有一定的曲折性。

一些故事离儿童的生活有一定的距离，想象性和现实性相结合。

信息类

文本更具深度，讨论点更多，知识密度增加。

插图

插图一般描绘多种概念，较为复杂。

插图可能包括照片、表格、曲线图等形式。

4 年级

字和词（数量、频率、难易度）

词语的搭配形式增多，作品中表达情绪、感情、动作的词语更加丰富。

词语在多种语境中可能传达出不同含义。

句子复杂度

句子结构更加精巧和复杂，表达抽象意义的句子增加，句群和段落的组合关系更加丰富。

文本特征

1. 文本主题和题材

主题数量增多，含义逐渐深刻，出现更加抽象的主题。

2. 文本体裁

文学类

童诗、古诗、浅近的文言文、中外现当代诗歌、散文诗。

童话、人物传记、幻想小说、儿童故事、动物小说、散文、历史小说等。

信息类

人文和科普类读物，比如百科全书、知识随笔、调查报告等。

呈现形式更复杂的信息类文本。

3. 文本形式特征（结构、语言、表现手法）

文学类

文本中对话的数量增加，角色之间开始有更丰富的交集，结构稍复杂，主线之外存在支线，但总体上逻辑清晰。

信息类

呈现方式更加复杂，文本类型增多，格式多变，文本信息量加大。

插图

插图对阅读的辅助作用减弱。

一些文本不再放置插图。

部分信息类文本需要图和表来传达关键信息。

5 年级

字和词（数量、频率、难易度）

出现一些跟儿童生活有一定距离的文学词汇。

开始接触文言基本语法、句法。

句子复杂度

句子的意义更加复杂，出现更多修辞手法。

文本特征

1. 文本主题和题材

主题更抽象，需经过推论得出主题。

信息类文本类别增加。

2. 文本体裁

文学类

童诗、古诗、中外现当代诗歌、散文诗、现当代散文、难度适中的文言文、古典散文。

长篇童话、儿童小说（含现实、冒险、侦探、幻想、科幻、动物、历史题材等）、古白话小说、游记、简单的剧本等。

信息类

新闻报告、科学考察、科学小品文、说明书、攻略等。

3. 文本形式特征（结构、语言、表现手法）

文学类

多种描写角色特性的方式，包括描述、对话、思想、他人视角等。

文本运用多种表达方法，如描写、抒情、说明、议论等。

文本的背景设置可能要求儿童有一定的知识积累，比如历史、地理小说。

信息类

有章节标题、术语表、标点符号等辅助阅读。

有丰富的版式、说明来帮助理解。

插图

图表形式更广泛，比如照片、标签、剖面图、地图等。

6 年级

字和词（数量、频率、难易度）

可能出现一些方言词语（或非母语系统的词语）。

接触到更多文言词语。

句子复杂度

句子更复杂，复句、句群结构关系更丰富。

句式更多样，情感、语意更丰富，常有言外之意。

文本特征

1. 文本主题和题材

主题的设定可能远超过儿童自身的经历和课本知识。

主题更加复杂和抽象，比如战争、贫富、生死、人生等。

2. 文本体裁

文学类

童诗、古诗、散文诗、中外现当代诗歌、现当代散文，难度适中的文言文、古典散文。

长篇童话、幻想小说（含科幻和魔幻小说）、儿童小说（含动物、历史等主题）、游记、简单的剧本、古白话小说等。

信息类

回忆录、演讲，以及多种文体混合的文本等。

3. 文本形式特征（结构、语言、表现手法）

文学类

故事要素、人物之间的关系变得更加复杂。

文学语言更丰富多彩，风格更加多样，在故事叙述之外，出现更多环境、心理的描写。

综合运用包括倒叙、幽默、悬念、拟人、象征、夸张在内的多种写作手法。

信息类

文本的难度、深度加大，可能出现更多和生命、人类生存、各种社会问题相关的主题。

概念间的关系更复杂。

插图

图表更加复杂。

7 年级

字和词（数量、频率、难易度）

表达非字面含义的词语增多。

词语的选择会反映相关历史文化背景。

词语的使用更加复杂，非常用词语增加。

句子复杂度

句子中概念间的关系不那么直接明确，需要更多的推断或解释。

文本特征

1. 文本主题和题材

主题数量更多，主题内容更为深刻与多元。

情感更丰富，冲突更多元。

2．文本体裁

文学类

少年小说、古典小说、散文、图像小说、人物传记、戏剧、艺术欣赏等广泛的文学作品。

信息类

由多种材料组合的非连续性文本。

3．文本形式特征（结构、语言、表现手法）

文学类

结构较复杂，结构层次较多，组织方式提示较少。

开始出现更加有深度，逻辑性更强，更抽象的文学形式。

信息类

类型广泛，包括计划、说明书等。

语言上既有偏重理性的描述，也有散文式风格。

插图

地图作为一种重要的图表，在历史、地理相关的图书中作用比较突出。

8 年级

字和词（数量、频率、难易度）
文本中开始出现有专门含义的术语。

句子复杂度
语法规则和句型更为复杂。

文本特征

1. 文本主题和题材
主题设定上更关注青春期儿童的成长和心理健康。

部分文本可能会呈现多个主题，可进行不同层面的解读。

2. 文本体裁

文学类

几乎所有种类的文学作品。

信息类

属于特定专业领域的读物，如新闻评论、法律法规等。

3. 文本形式特征（结构、语言、表现手法）

文学类

文本的艺术性增强，结构更加精巧和复杂，需要进行有深度的文学性分析。

故事和人物逻辑性更强，作品寓意更加深刻。

除了叙述性语言，经常有情感比较强烈、有讨论性和一定抽象意味的语言出现。

信息类

对儿童的辩证思维能力要求提高。

插图

插图需要一定的解读和分析。

9 年级

字和词（数量、频率、难易度）

会出现反映时代和历史背景的词汇。

方言、非母语词汇、文言词语等更多出现。

句子复杂度

通过大范围的对话、方言的运用、多样化的句子结构等来表达特定含义。

文本特征

1. 文本主题和题材

许多抽象主题的呈现方式有所变化，相比以往阶段更加引人思考，同时关于一些主题的描述更加直白清晰，比如死亡、歧视等。

2. 文本体裁

文学类

几乎所有种类的文学作品。

信息类

属于特定专业领域的读物，如新闻评论、法律法规等由多种材料组合、较为复杂的非连续性文本。

3. 文本形式特征（结构、语言、表现手法）

文学类

对人物性格的刻画和语言的描写更具张力。

运用包括倒叙、故事中的故事、象征、修辞、讽刺等多种文学手法。

信息类

知识的综合性增强，可能涉及多个学科，对于复杂的概念与事物都有详细的解释。

插图

插图可用于梳理和归纳重要信息。

高中阶段

字和词（数量、频率、难易度）

非常用词、抽象词增加，基本接近成人阅读的词汇。

句子复杂度

句式多变，风格不一。

文本特征

1．文本主题和题材

几乎所有主题都可以纳入阅读的范畴。

更加关注社会发展，可能涉及如经济危机、供需平衡、边境冲突等全球性问题。

2．文本体裁

文学类

几乎所有种类的文学作品。

信息类

多种信息类或实用性文本，包括科学论文、计划、说明书，以及其他综合类文本。

3．文本形式特征（结构、语言、表现手法）

文学类

在背景的设置上可能不停转换，包括时间的转变，且通常不会直接预知。

文本叙述可能出现较为复杂的双线、多线等结构，时间跨度、空间跨度加大。

文学语言表达更具个人风格，除了对故事、人物和客观世界的描写外，可能出现个人情绪观照下的情感表达、意识流动等。

可能出现隐喻、象征、反语等有深度的表达手法。

信息类

语言严谨、规范。

逻辑关键词分布广泛，文本的信息点或知识点分布较多，且知识串联的方式变得更加多样化。

插图

以图表结合和数据分析作为总结或验证结论的重要方式。

亲近母语中文分级阅读
标准的应用和实践

　　研究和制定亲近母语中文分级阅读标准，根本目标在于，让更多家庭、幼儿园和中小学有可依据的标准，开展广泛的应用和实践，来帮助和指导儿童选好书、读好书，从而普遍提升中国儿童的阅读素养。

　　要真正应用和实践亲近母语中文分级阅读标准，一是要更科学地确定儿童个体的实际阅读素养水平，这就涉及对儿童阅读素养测评的研究和实践；二是通过测评了解儿童的阅读素养后，为其匹配合适的分级阅读读物，并进行针对性的阅读指导，帮助儿童提高阅读素养。这既涉及文本分级标准，也涉及儿童阅读素养发展标准，以及如何针对儿童的实际阅读素养，开展分级阅读指导和教学，进而让儿童达到发展性阅读素养标准。

亲近母语对儿童阅读素养评测的
研究、探索和实践

国际儿童阅读素养评估大致有以下几个体系：

1. 蓝思（Lexile）分级阅读测评体系。该体系在技术方面相对比较成熟，针对 K—12 的学生进行阅读测评，包括对词汇、阅读理解、熟练程度和写作等方面的测评。测评方式是让孩子完成相应的题目，测试出孩子的阅读水平，得到一个分值，使用数字加字母"L"作为同时衡量读物难度和读者阅读能力的标尺，难度范围在 0~1 700 L 之间，数字越小表示读物难度越低或读者阅读能力越低，反之则表示读物难度越高或读者阅读能力越高。家长可以根据分值为孩子选择相应分值对应的图书。

2. A—Z 分级法。该体系测试的主要因素包括全文词语数量、单词数量、高频词语数量与比例、低频词语数量与比例、句子长度、句子复杂度、句意明晰度、句式、印刷规格、每页词语数、插图信息量、思想深度、主题熟悉度等，比较细致。

3. DRA 阅读发展评价体系。这是用来测定少儿阅读能力的一个检测标准。老师、家长可以根据测试结果寻找水平适合的图书，以提高少儿阅读能力。测试内容着重于读者阅读的准确度、熟练度和理解度等，其目标是帮助每一个学生成为独立、成功的读者。其分值范围为 1~80。

4. PISA 阅读素养评估体系。它将阅读分为 4 种情境，分别是为了个人目的的阅读、为了公共目的的阅读、为了工作目的的阅读和为了教育目的的阅读。依据不同的认知层次，将阅读能力分为访问与检索、整合与阐释、反思与评价3个层次，其阅读试题的编制也以此为基础。PISA根据学生的答题情况，制定阅读水平的评分标准，为区分不同能力层次的学生提供了依据。此外，PISA还通过"积极参与阅读"问卷，收集学生阅读兴趣、感知自主性、社交互动以及阅读实践方面的信息等资料。

5. PIRLS阅读素养测评体系。它将阅读的目的分为"为了享受文学经验"和"为了获取并运用信息"两种，也就是通常所说的文学性阅读和信息性阅读。这两种阅读类型基本上覆盖了小学生的主要阅读类型。PIRLS测评框架中把阅读能力分为低层次和高层次两类，并且依此原理编制试题。低层次阅读能力包括直接提取和直接推论，高层次阅读能力包括阐释整合和检验评价。

这些测评体系都是依托于英语开发和使用的，中文的分级阅读可以参考，但不能照搬照用，我们需要开发出适合汉语学习者的分级阅读测评体系。

亲近母语儿童阅读素养发展标准，从知识、技能和能力，兴趣、习惯和积累，情感、态度和价值观3个维度，确立了各个阶段的儿童阅读素养发展的总体方向和具体目标，为儿童阅读素养的评估奠定了基础。

目前，中文分级阅读的测评开发，主要有以下两个面向：

第一是面向文本的。中文文本如何进行难度测定，这就涉及一系列的问题：一篇文本中的字、词、句、段、篇各自权重的问题，中文语境下常用词与高频词、常用句和高频句的测定的问题，文本的思想、内容、主题等如何测定的问题。

第二是面向阅读者的。我们该如何测量读者现阶段的阅读水平。这需要考虑如何测评读者的中文阅读理解能力，以及具体的测评方式等问题。

亲近母语认为，儿童阅读素养的评测是运用一定的尺度或标准，通过系统地收集儿童各个阶段阅读发展状况的信息，用科学的阅读评测试题对儿童的阅读知识和能力进行测评，并配合问卷、访谈等方式调查儿童的阅读兴趣、习惯和阅读积累，综合评估和判断儿童阅读素养的过程。

在对儿童阅读素养进行评测时，应当注意以下几点：

首先是评估内容的综合性。儿童阅读素养的评估不仅是对儿童阅读量和阅读能力的评估，还包括对儿童阅读兴趣和阅读习惯的评估，需要兼顾认知和非认知因素。评估除了检验当前儿童阅读素养的发展状况以外，还为儿童的阅读教育提供了较为全面的依据，对下一阶段儿童阅读素养的提升有一定的指导作用。

其次是评估层级的结构化。儿童阅读素养的发展依循着儿童身心发展的规律，并通过阅读教育得以实现。儿童阅读素养的评估是基于儿童阅读素养发展标准的，每一个阶段儿童阅读素养的不同维度，都有着对应的目标和具体表现的描述，将这些衡量的指标应用于阅读指导中，更具有可操作性。

最后是评估方式的多样化。从评估方式上看，除了通过编制标准化的阅读测试题，运用纸笔测试的方法测量儿童的阅读知识、技能和能力表现以外，还应通过编制结构化的问卷和访谈提纲、建立儿童阅读档案等方式，对儿童的阅读习惯、阅读兴趣和阅读积累，以及阅读情感、态度和价值观进行综合性的观察和评估。

当然，测评并不是目的，我们不必过分依赖测评。测评的目的是更好地了解孩子的阅读水平，以帮助其选择更合适的图书，更好地对其进行阅读指导。

亲近母语文本分级标准的应用和实践

亲近母语认为，中文分级阅读不仅仅是对文本的分级，还要基于儿童的认知水平和阅读能力，为其匹配适合的中文读物，并给予适当的阅读指导和建议，以助其达到儿童阅读素养发展标准提出的目标。因此在亲近母语中文分级阅读体系中，文本分级标准始终服务于儿童阅读素养发展标准这一核心，为文本难易度分级提供可参考的指标，并根据实际应用的情况，进行相应的调整。

亲近母语文本分级标准的应用，首先体现在"亲近母语分级阅读书目"上。自2001年起，亲近母语发布了国内第一份

"小学生分级阅读书目"，此后根据实际应用和出版情况，每年进行修订和发布。目前，"亲近母语分级阅读书目"包含幼儿和小学阶段共1 000种经典图书，不仅考虑了文学性阅读，也高度重视儿童的人文百科阅读，是值得每个家庭珍藏的经典书单。

在年段细分上，"亲近母语分级阅读书目"以0—12岁儿童为主体，根据不同年龄段儿童的阅读素养发展水平，分为：0—3岁、3—4岁、4—5岁、5—6岁这4个幼儿阶段，小学1年级到6年级这6个小学阶段。涵盖共10个阶段的儿童分级书目。

在内容层面，"亲近母语分级阅读书目"依据亲近母语文本分级标准，综合考虑了各类图书在篇幅、主题等文本上的差异，将不同难度和题材的文本分级分类，以便能更方便、更精确地找到每本书适宜的读者群，更好地做到"为人找书"和"为书找人"。

其次，亲近母语研发的"小步乐读·儿童中文分级阅读"（2—6岁，共96册）、"中文分级阅读文库"（1—9年级，共108册）也体现了亲近母语文本分级标准的内涵。

"小步乐读·儿童中文分级阅读"是亲近母语参考众多国际分级阅读标准与《中国儿童发展纲要（2021—2030）》《3—6岁儿童学习与发展指南》等，根据《亲近母语中文分级阅读标准》研发的一套适合2—6岁孩子的中文分级读物，由中信出版集团出版。全书以科学严谨的中文分级阅读体系为底层架构，以"天、地、人、文"建构主题。从2—3岁的预备1级、预备2级开始，到3—6岁的1—6级，共分为8级，每级12个主题，共96个主题。根据不同阶段儿童的认知和心理特点，为孩子创作和选编最适合这个阶段儿童阅读的文本，帮助孩子拾级而上，快乐阅读、科学识字，打下中国根基，实现语言和精神的成长。

从主题来看，比如，同样是"天"的主题，预备1级、预备2级更在于表现太阳、天空、星星、云朵等具象事物，这也符合孩子最早的认知规律。到了1级、2级，"天"的主题开始涉及季节、时令的更替、气候的变化等，主题不再单一，表现的内容也更加丰富和深入。比如，《春夏秋冬》（1级）已经不再单纯描写某一个具象的事物，而更多是在描述季节的变化，四季的景色与特点，让儿童在四季的更替中，感受自然的节律。《打雷了，下雨了》（2级）也不再只是展现天象的变化，更在于表现气候变化的过程，以及大自然的各种表现，让孩子既认识到天气的变化，又能真实地体验和自然地连接。

而随着级别的提升，这套书在3—6级"天"的架构中，还设计了《为什么？》《世界》《时间是什么？》《宇宙》《中国人的飞天梦》等更为开阔并适合幼儿认识世界的主题。

从语言来看，"小步乐读·儿童中文分级阅读"这套书整体上都是适合幼儿的浅语表达，同时注重母语的节奏感和韵律感，每一级又有各自的语言特色。

《太阳，太阳》（预备1级）中："太阳有时很大。太阳有时很小。太阳有时很远。太阳有时很近。"诗一样的语言，充满诗意的画面，给孩子带来美的体验。《一二三，爬上山》（预备1级）中："一二三，一二三，三只猴子爬上山。""三三七"的句式，富有韵律美和节奏感。

在预备1级、预备2级的基础上，1级、2级也开始呈现更有文学性，更有叙事性，也更具有想象力的表达。

《春夏秋冬》（1级）中："沙沙，沙沙，春雨下起来。轰轰，轰轰，春雷响起来。春天来了。"富有音乐性的语言描绘了四季的景色，让孩子在感受季节变化的同时，也将不同的季节与对应的声音、颜色及动植物等联系起来。

《大战红孩儿》（2级）改编自《西游记》。这本书充分考虑到3—5岁阶段孩子的语言能力，故事浅显易读，同时也保留了一点古白话的感觉，整个故事非常有韵味。

从汉字的学习来看，这套书也充分考虑了儿童对汉字的认识与学习规律。从当代儿童的常用口语、儿童语料库中的高频字、汉字自身的特点3个方面出发，选出适合孩子认识的最基础的520个汉字，循序渐进，缓坡而上。预备1级、预备2级，每级各50个字；1级、2级，每级各60个字；3级、4级，每级各70个字；5级、6级，每级各80个字。

"小步乐读·儿童中文分级阅读"的创作和出版，以儿童阅读素养发展标准为核心，以亲近母语文本分级标准来选择每级的主题和内容，根植于中国孩子的生活情境与文化情境，创作和选编有母语节奏和韵律的优质文本，是亲近母语中文分级阅读理念在幼儿分级阅读中的全面体现。

亲近母语和果麦文化联合打造的"中文分级阅读文库"是依据亲近母语文本分级标准,为1—9年级学生研发的一套中文分级读物。这套读物共分为9级,每级12册,综合考虑了字和词、句子复杂度、文本特征、插图等四大要素,并根据1—9年级儿童的认知与心理特点,以及儿童阅读素养发展的要求,精选了108本经典作品。

入选1年级的作品,大都主题鲜明、句式简短、情节简单,又各具特色。比如张秋生的《小巴掌童话》、金波的《大树上的书》,以及胡木仁的《小鸟念书》这些短篇童话集。书中收入的故事篇幅都非常短小,并辅以标准汉语拼音和精美插图,很适合刚进入小学的儿童自主阅读或与家人进行亲子共读。2年级的图书由短篇合集和完整的中长篇组成,语言、逻辑结构相较1年级的更复杂,体裁上也更丰富。

此外,小学早期是孩子有计划地学习中文的起始阶段,要特别重视运用孩子们已具备的听说能力,帮助他们学习阅读。比如1年级编选了《很久很久以前》《哪吒闹海》《节日的传说》这些口耳相传的民间故事与神话传说,采用适合该阶段儿童的讲述方式和语言表达,为孩子提供母语的滋养和润泽,让孩子感受中华民族的古老智慧。

到了小学中期,孩子语言能力进一步发展。此阶段的儿童可以开始阅读故事脉络清晰、情节性较强的图书,接触更多和个人经历有一定距离的话题。因此,3、4年级推荐阅读的体裁包括童话、动物故事、动物小说、动物散文、民间文学、儿童故事、儿童散文、科普故事、历史故事等。

随着阅读素养的逐步提高，小学高学段的孩子可以阅读一些更有深度的作品，获取精神的滋养，比如儿童小说、动物散文、动物小说、科幻小说、散文、人物传记、古典名著等。"中文分级阅读文库"5年级中的《柳林风声》被誉为散文体童话的典范，讲述了4个性格迥异的好朋友——蟾蜍、獾、鼹鼠、河鼠之间充满戏剧性的故事，孩子不仅能从中感受故事的趣味，更能感受到英国的田园风情和原野气息。6年级中包含了两部科幻小说，《时间机器》第一次以时间旅行为题材，在一个大尺度的时空里探讨了人类的命运；《海底两万里》是法国科幻大师儒勒·凡尔纳的代表作，它描绘了一个充满冒险与奇幻色彩的海底王国。

初中阶段的儿童已经掌握了多种阅读技能，具备了一定的阅读能力，能够进行更广泛、更深入的阅读。"中文分级阅读文库"7年级中的《国史纲要》，原为20世纪30年代著名史学家雷海宗先生在清华大学和西南联大讲授中国通史的讲义，书中系统而清晰地梳理了我国朝代更替、治乱循环的历史脉络，读之使人豁然开朗。朱自清先生的《经典常谈》，我们放在了8年级。全书概述了《说文解字》《战国策》《史记》等典籍，涉及诸子、辞赋、诗文等各个类别中的名著，是读者了解中国古代文化的入门指南。

依据文本分级标准，文学作品中文学手法的运用逐步变得更加复杂。比如 8 年级中的《野性的呼唤》，杰克·伦敦在书中娴熟地运用了多重叙述视角、象征主义等写作手法，给孩子们带来审美的愉悦。9 年级中的经典名著《简·爱》，对人物性格的刻画和语言的描写极具张力，塑造了一个独立、敢于反抗的女性形象。

信息类文本则通常将大胆的假说和考究的证据，通过严谨、规范的语言一一呈现。比如伊林的《十万个为什么》，被称为现代儿童科普作品的奠基之作，我们把它放在了 4 年级。读这本书，不仅仅是让孩子获取知识、常识，更重要的是点燃孩子们的好奇心、激发求知欲，以及培养想要探索世界的科学精神。比如《从一到无穷大》是"大爆炸"理论推动者乔治·伽莫夫的科普经典，我们把它放在了 9 年级。孩子们不仅能在数字游戏、微观世界、宇宙之谜中发现解密的乐趣，也能够逐渐养成实事求是、崇尚真知的科学态度。

值得注意的是，分级阅读的初衷在于为不同发展阶段的儿童提供合适的图书。在了解儿童阅读分级必要性的同时，也要了解它的相对性和目前发展的阶段性。处于同样年龄区间的儿童，在阅读能力上也存在个体差异。而儿童接触各种各样的文本，也能够更好地了解如何阅读。因此，教师和家长完全可以根据儿童的个体差异，打破分级阅读的限制，让儿童进行更开阔、更丰富、更个性化的阅读。

亲近母语儿童阅读素养发展标准在校园和家庭的应用和实践

亲近母语一直在探索如何通过学校场域和家庭场域的分级阅读指导和教育，让儿童达到亲近母语儿童阅读素养发展标准。

首先是校园场域。十多年来，亲近母语从"书香校园解决方案 1.0"落地学校开始，持续推动儿童阅读师资培养，为学校提供书香校园建设方案。

亲近母语书香校园建设方案，依托亲近母语中文分级阅读平台，提供儿童阅读素养测评工具，方便学校和教师了解学生阅读水平，并支持教师探索如何带领不同年龄段、不同阅读能力的学生开展阅读。亲近母语开发了系列的儿童分级阅读课程供学校选择实施，包括分级诵读课程、整本书分级阅读课程（含图画书）、分级主题阅读课程，同时给老师们提供相应的分级阅读案例和资源支持。

学校可利用每天晨读 10~20 分钟的时间实施分级诵读课程，不占用课时。还可每周利用两节课，其中一节课用来开展图画书和整本书的阅读课程，另外一节课开展主题阅读课程。每个课程设置了相应的课程目标。以下以整本书阅读课程为例。

低年级课程目标

阅读文学与人文百科作品不少于 50 万字；初步具有独立阅读的能力，掌握朗读、默读、猜读等阅读方法，学习预测、联结、图像化等阅读策略。

中年级课程目标

阅读文学与人文百科作品不少于 200 万字；具有独立阅读能力，掌握默读、浏览、跳读等阅读方法；学习推测、批注、想象等阅读策略。

高年级课程目标

阅读文学与人文百科作品不少于 250 万字；具有较强的独立阅读能力，熟练掌握默读、浏览、回读等阅读方法，能根据整本书不同的体裁，学习选择和运用适切的阅读策略，初步具有自我阅读监控的能力。

实施亲近母语书香校园解决方案，小学 6 年学生将共同诵读 960 首诗歌，师生共读不少于 500 万字高品质文本，帮助每个学生达到儿童阅读素养发展标准。同时，我们也倡导更丰富、更个性化的阅读，教师可引导学生根据"亲近母语分级阅读书目"中的推荐图书，进行自主阅读，平台将记录学生的阅读数据，促进小学阶段学生通过共读与自主阅读，养成阅读习惯，形成阅读能力，完成 1 000 万字阅读量。

亲近母语也在不断探索以中文分级阅读理念，建立线上线下结合的阅读师资培养体系。2020 年，亲近母语和华南师范大学教师教育学部联合推出儿童阅读师资能力认证，教师通过对中文分级阅读理念和儿童分级阅读课程的学习，逐步了解如何对儿童进行阅读评测、分级阅读指导和教学等，帮助儿童达到儿童阅读素养发展标准。

在家庭场景下，亲近母语创建了"小步读书"互联网品牌，以亲近母语 App 为平台，线上线下结合，通过测试—选书—线下读书—在线测评—阅读指导—进阶，完成阅读流程闭环。同时开发了小步诵读、小步测评、分级书目等工具，以及小步阅读计划、小步读书会等中文分级阅读线上产品，为孩子选好书，带孩子读好书。

存在的问题
和未来展望

当下存在的问题

中文分级阅读标准的研制和应用，是一个系统、复杂且难度很高的工程，必然要经过一个长期的发展和完善过程，需要各方的共同努力和协作推进。

亲近母语中文分级阅读标准，虽然是亲近母语 20 年来研究、实践和应用的结晶，但它只是一个开始，还有很长的道路要走。它的进一步完善和优化，有赖于对脑科学、儿童语言发展、儿童认知情感发展、儿童阅读素养认知的不断深入，以及对汉字分级、中文词汇分级、完善的儿童语料库建设等基础研究的深化。

在研制亲近母语中文分级阅读标准的过程中，我们发现，当下国内的中文分级阅读研究主要存在以下几点问题。

1. 对儿童相关领域的学术研究还很不足

国内对儿童发展心理学、儿童语言学的研究还很不足，特别是对中国儿童个体的认知发展、语言发展、情感发展和人格形成的研究和描述还很不足。

2. 对中文特质的研究不够

英美的儿童分级阅读体系十分完善，这和大量的关于英语特质的学术研究是分不开的。而目前，国内对于中文特质的学术研究还有很大的缺失，在推进中文分级阅读时缺少必要的学术依据。许多重要的问题都没有深入的研究成果或相对明确的结论。比如，对儿童而言，字或词，哪一个是影响其阅读难易度的最重要因素？抑或是二者相当？再比如，中文的词汇究竟该如何准确定义、分级？这些问题，还需要我们做更多的研究来解答。

3. 缺少更多的实证研究

目前国内的中文分级阅读研究，大多还停留在理论研究层面，缺少更多的实证研究。

近年来，各童书出版机构也不同程度地参与到分级阅读的体系建设中来。例如出版了不少标注"分级阅读"的童书和分级读本，开始标注童书分级建议，等等。在中小学和幼儿园、图书馆、社区阅读馆等领域，出现了不少阅读推广人，在分级阅读应用层面展开实践。但整体上看，这种应用还很不够，且应用后的实证反馈相对不足。

我们目前还需要大量的实证研究，来对分级阅读标准的研制和分级阅读的实践等进行不断调整。

4. 中文分级阅读研究领域的协作也很不充分

目前，理论研究、童书策划和出版、互联网产品研发等都处于较为独立的状态。比如高校只关注理论层面的中文分级阅读研究，出版机构、教育机构、图书馆等更关注中文分级阅读的应用与相关产品的研发。它们之间缺少更深入的协作和融合。

儿童中文分级阅读的实践需要我们进行更科学、更深入的分级研究。这样的研究必须要有专家学者的参与，也要有全行业的共同参与，还需要有应用者、使用者（包括儿童）的参与。

未来展望

关于未来中文分级阅读的研究和实践，我们认为，还可以从以下几个方面做更多努力。

1. 中文分级阅读研究应注重科技和人文的融合

科技发展日新月异，尤其是大数据和人工智能的发展，使阅读前所未有地科技化、智能化。智能设备在教学中的使用，在线教育的迅速发展，带来了新的阅读和教育模式。

另外，大数据语料库和人工神经网络模型的运用，对中文分级阅读的研究也会产生深刻的影响。目前，人工神经网络模型是人工智能研究领域的新前沿。与传统的机器学习模型相比，该模型的优点在于，它可以直接高效地抽取各种语言特征，而不需要人工设计，且具有强大的学习能力。在未来中文分级阅读的发展道路上，我们应当更多地借助人工神经网络模型的辅助，提高研究效率和研究准确度。

但我们必须意识到，中文分级阅读一定要根植于母语的特质，立足于中华文化的传统，它是科技和人文的融合。一些中文分级阅读体系，完全套用算法也是不可行的。

同时，我们希望中文分级阅读在未来可以根据每个孩子的兴趣、爱好和阅读水平，为其进行个性化的阅读定制。

2. 中文分级阅读研究应重视儿童审美素养的提升

审美素养，是指一个人所具备的审美经验、审美情趣、审美能力和审美理想等各种因素的总和。审美素养，既包含一个人对美的接受和欣赏的能力，又包含对审美文化的鉴别能力和审美文化的创造能力。孩子在幼儿时期就进入审美敏感期，他们一开始的审美标准是模糊的，需要家长和社会的积极引导。好的审美素养对孩子树立正确的世界观、人生观、价值观等有着特别重要的意义。

近年来，国家高度重视儿童审美素养的提升，先后颁布了多个加强和指导学校美育改革的重要文件，确立了发展学生审美和人文素养的美育目标。

《义务教育语文课程标准（2022 年版）》的核心素养中也提到："审美创造是指学生通过感受、理解、欣赏、评价语言文字及作品，获得较为丰富的审美经验，具有初步的感受美、发现美和运用语言文字表现美、创造美的能力；涵养高雅情趣，具备健康的审美意识和正确的审美观念。"

同样，中文分级阅读研究也应重视通过阅读，提升儿童的审美素养。我们不光要给儿童提供高审美的阅读材料，还要注重在阅读过程中，充分挖掘儿童的审美潜能，让儿童发现美、表现美、创造美，帮助他们形成健康的审美情趣，不断提高审美能力，形成自己的审美理想。

3. 中文分级阅读研究应立足于中国文化根基，探索中西文化的融通和价值建构

中文分级阅读标准及体系，建立的最终目的在于育人，培养什么样的人，是问题的核心。

亲近母语明确主张，中文分级阅读应当培养具有中国根基的人。在建构中文分级阅读标准时，应立足于中国文化，充分发掘优秀传统文化的内在价值与时代意义，引领儿童小小的生命之流与民族文化汇流，让我们的每一个孩子足下都有坚实的土地。在分级阅读教育中，通过优秀的传统文化浸润儿童的生命成长，构建儿童的精神底色，帮助他们找到生命的坐标，从而开启儿童智慧，充实儿童生命，进而促进儿童深刻认同中华文化，成为有中国根基的新一代。

同时，我们在立足于中国文化根基的基础上，也要了解、吸纳世界多元文化，探索中西文化的融通和价值建构。在注重文学、人文阅读的同时，也要注重科学的、理性的阅读；在注重体验、感受、感悟，进行情感熏习的同时，也要强调认知、

思维、思辨，强调理性的培育；在传递知识、培养能力的同时，也要注重道德的教化。在此基础上，实现文理兼备、情理融通、知行合一的阅读教育目标。

4. 中文分级阅读需要全行业、多领域的丰富探索和协作

20世纪末，伴随着儿童阅读的推广，围绕中文分级阅读的研究和实践逐渐兴起并活跃。从教育行政部门的政策研究和制定者，到出版行业的从业人员、儿童文学作家，再到民间企业和阅读推广机构，中文分级阅读都引起了一定程度的关注，而且必将更多地为大家所认识和重视。

不少互联网机构将中文分级阅读这一细分领域作为主攻方向。考拉阅读、悦读家园、小步读书、纷极阅读、一亩童书馆等纷纷推出了自己的中文分级阅读互联网产品。各界人士的积极探索，都为中文分级阅读标准的研制和完善提供了可贵的经验。

《亲近母语中文分级阅读标准》将作为一个公共知识产品，为教育机构、童书出版、阅读推广机构和阅读推广人、公益组织、社区和家庭等服务，在分级阅读的应用上，提供一个有价值的思考坐标和参照。亲近母语将在新时代背景下，坚持自己的儿童观、阅读观和教育观，和更多的同道一起，在科技助力下，共同探索科技和阅读融合，人文和科学精神兼备，具有母语气质的中文分级阅读体系，为建设书香社会，促进全民阅读，实现中华民族伟大复兴，构建人类命运共同体，培养更多优秀的人才，做出更大贡献。

附录一：术语列表

　　本书术语定义基于文中的解释，整体的排列顺序按照文中定义出现的先后顺序。

　　●**中文分级阅读**：是指根据儿童的认知水平和阅读能力，选择、提供适合儿童不同发展阶段的读物，并给予适当的建议和指导，以提升他们的阅读能力和阅读素养，促进儿童的人格发展和精神成长的一种阅读方式。

　　●**阅读**：是一个复杂的行为与心理过程。广义地说，阅读是人类理解符号，而获取意义的过程。狭义的阅读，专指人类理解文字、图像等信息的过程。从功能上说，阅读是人类最主要的认知方式，是人类获取信息知识最重要的手段，也是人类提升智慧、促进个人精神成长的精神活动，在人类文明的发展中有着不可替代的作用。

　　●**儿童**：联合国大会制定和决议通过的《儿童权利公约》规定："儿童系指18岁以下的任何人。"在我国，对儿童有多种称呼，如"少年儿童""青少年""未成年人"等，本文均以"儿童"统一称谓。

●**阅读素养**：儿童为了学习、生活、未来融入社会，更好地生存和发展而具备的理解、反思、运用书面材料、构建意义的能力，以及在阅读活动中展现的兴趣、习惯和通过阅读内化而成的情感、态度和价值观等。

●**阅读方法**：阅读方法是一个笼统的概念，泛指在阅读过程中使用的一切行为或方法。根据阅读的不同行为，阅读方法可以分为听读、朗读和默读；根据阅读程度的不同，阅读方法又可以分为精读、诵读、略读和浏览。

●**阅读策略**：通常是指为了获得更好的阅读效果，在阅读的过程中基于不同目的，有意识地采取的方法或技巧。如复述、精加工、重新组织等学习策略，预测、联结、提问、推断等阅读理解策略，以及在阅读中的自我监控和调节策略等。

●**阅读能力**：儿童对书面语言材料的感知、理解和运用的能力。结合中国小学生阅读发展现状，亲近母语提炼出四大能力：提取信息能力，推论判断能力，整合解释能力，评价、鉴赏与综合运用能力。

●**阅读兴趣**：儿童受到相关阅读目标的引导、激发并维持自身阅读活动的一种心理过程，表现为儿童对阅读某一类文体、主题和相关阅读任务的喜爱。

●**阅读习惯**：经过长期的阅读活动，儿童逐步形成的一种稳定的阅读方式或思维方式。

●**阅读积累**：儿童在阅读过程中，逐渐达到的阅读量和熟读成诵的经典语料，以及一些笔记摘抄、知识积累、阅读随想等扩展性积累。

●**文本难易度**：通过一定的量化指标，主要从字、词、句、文本特征等方面，综合考量而得出的文本难易程度。

●**句子复杂度**：根据句子的字数、结构及语意深度，从而确定句子的复杂程度。一般情况下，句子越长，结构越复杂，文本难度越大。

●**文本特征**：包含文本的题材、主题，体裁，形式特征，其中形式特征又包含表现手法、结构、语言。

●**题材**：广博的题材是产生文本内容的基本因素。通常由儿童熟悉的、具有本土性的事物到陌生概念的场景，比如动物、植物、家庭、自然，以及校园、国家、社会等。

●**主题**：经由作者提炼和呈现在作品中的思想和情感，往往表现为文本的主题。

●**体裁**：围绕不同主题，作家通常会选择一种方式来呈现，这便是文本的体裁。

●**神经网络模型**：该模型可以直接高效抽取各种特征，不需要人工设计复杂烦琐的语言特征，并且具有强大的学习能力。它是人工智能研究领域的新前沿。

附录二：参考文献

中文文献

国家和地方政策性文件

[1] 中华人民共和国文化部政策法规司."十三五"文化发展改革规划汇编 [G].北京：知识产权出版社，2018.

[2] 中华人民共和国国务院.中国儿童发展纲要（2021—2030）[R/OL].（2021-09-27）[2023-10-01].https://www.nwccw.gov.cn/2021-09/27/content_295436.htm

[3] 中华人民共和国教育部.义务教育语文课程标准 [S].北京：北京师范大学出版社，2022.

[4] 中华人民共和国教育部.3~6岁儿童学习与发展指南 [M].北京：首都师范大学出版社，2012.

[5] 澳门特别行政区社会文化司司长办公室.小学教育阶

段中文学力要求 [S].澳门特别行政区公报,2016 (9):126-
137.

[6] 上海市教育委员会教学研究室.上海市中小学汉语
分级阅读标准研究报告 [M].上海:上海科学技术出版社,
2016.

[7] 核心素养研究课题组.中国学生发展核心素养 [J].
中国教育学刊,2016 (10):1-3.

儿童身心发展规律相关

[1] 维果茨基.20世纪心理学通览——思维与语言 [M].
李维,译.杭州:浙江教育出版社,1997.

[2] 格林斯潘,萨尔蒙.格林斯潘心理育儿5—12岁 [M].
于娟娟,译.北京:华夏出版社,2015.

[3] 林崇德.发展心理学:第2版 [M].杭州:浙江教育
出版社,2019.

[4] 刘晓晔.早期阅读与儿童语言教育 [M].北京:北京
语言大学出版社,2016.

[5] 费尔德曼.儿童发展心理学:费尔德曼带你开启孩子
的成长之旅(原书第6版)[M].苏彦捷,刘谨,马天舒,等
译.北京:机械工业出版社,2015.

[6] 王文静,罗良.阅读与儿童发展 [M].上海:华东师

范大学出版社，2010.

[7] 余晓琦.3—6岁幼儿口语与早期阅读发展水平的关系研究 [D].上海：华东师范大学，2007.

[8] 周兢，张义宾.基于汉语儿童语料库构建的儿童语言发展测评系统 [J].学前教育研究，2020（6）：72-84.

[9] 周兢.汉语儿童语言发展研究：国际儿童语科库研究方法的应用与发展 [M].北京：教育科学出版社，2009.

[10] 贝里曼，哈格里夫，赫伯特，等.发展心理学与你 [M].陈萍，王茜，译.北京：北京大学出版社，2000.

阅读教育相关

[1] 朱自强.朱自强小学语文教育与儿童教育讲演录 [M].长春：长春出版社，2009.

[2] 徐冬梅.徐冬梅谈儿童阅读与母语教育 [M].长春：长春出版社，2009.

[3] 王荣生.阅读策略与阅读方法 [J].中国教育学刊，2020（7）：72-77.

[4] 徐雁.全民阅读推广手册 [M].深圳：海天出版社，2011.

[5] 王泉根.周作人与儿童文学 [M].杭州：浙江少年儿童出版社，1985.

[6] 王蕾.中文分级阅读标准研制与童书出版应用研究 [J].中国出版，2020（22）：51-54.

[7] 郭晓莹.母语文化背景下的儿童阅读书目分级探析 [J].宁德师范学院学报（哲学社会科学版），2013（4）：90-93.

[8] 陈邦，汪全莉.儿童中文分级阅读的思考与建议 [J].图书馆理论与实践，2019（3）：25-29.

[9] 陈海东，邵宏锋，余贵泉.互联网＋课外阅读："宏·中文分级阅读系统"的创建与实践 [J].基础教育参考，2018（15）：5-8.

[10] 董蓓菲.全景搜索：美国语文课程、教材、教法、评价 [M].上海：华东师范大学出版社，2009.

[11] 范蔚，赵凌澜.十五年来"阅读素养"研究述评——以 2003—2017 年核心期刊论文为依据 [J].语文建设，2018（27）：4-9.

[12] 黄志军，王晓诚.叩问"阅读策略"：相关概念辨析 [J].语文教学通讯（B 刊），2020（3）：12-16.

[13] 扈中平，李方，张俊洪.现代教育学 [M].北京：高等教育出版社，2000.

[14] 崔利斯.朗读手册 [M].沙永玲，麦奇美，麦倩宜，译.天津：天津教育出版社，2006.

[15] 金莉莉.英国儿童分级图书的特色及启示 [J].编辑之友，2019（7）：106-112.

[16] 刘雪燕.实施我国中小学生阅读素养测评之研究

[J].现代语文（学术综合），2017（5）：118-121.

[17] 李云飞，袁曦临.国外儿童分级阅读研究现状述评[J].图书馆杂志，2019，38（3）：12-21.

[18] 叶丽新.美国"各州共同核心标准"之"阅读标准"[J].全球教育展望，2016，45（10）：11-20.

[19] 叶丽新.分级阅读标准研制中的基本问题[J].上海课程教学研究，2016（6）：68-77.

[20] 刘胜茹.新世纪中国儿童阅读推广研究[D].河北：河北大学，2021.

[21] 徐光荣.3~6岁幼儿阅读能力培养的研究[D].北京：首都师范大学，2005.

[22] 杨志明，吴本文.中文分级阅读及其形成性评价[J].教育测量与评价，2017（6）：5-13.

[23] 张怀涛."阅读"概念的词源含义、学术定义及其阐释[J].图书情报研究，2013（4）：32-35.

[24] 赵镜中.从"教课文"到"教阅读"[J].小学语文教师，2010（5）：16-18.

[25] 周益民.儿童的阅读与为了儿童的阅读.[M].长春：长春出版社，2009.

[26] 陆晓红.我国儿童阅读推广研究综述[J].图书馆工作与研究，2013（9）：112-116.

[27] 郑国民，关惠文，任刚，等.基于学生核心素养的语文学科能力研究[M].北京：北京师范大学出版社，2017.

[28] 沃尔夫.普鲁斯特与乌贼：阅读如何改变我们的思维 [M].王惟芬，杨仕音，译.北京：中国人民大学出版社，2012.

[29] 瓦格纳.教育大未来 [M].余燕，译.海口：南海出版公司，2013.

文本分级研究相关

[1] 陈茹玲，蔡鑫廷，宋曜廷，等.文本适读性分级架构之建立研究 [J].教育科学研究，2015（60）：1-32.

[2] 程勇，徐德宽，董军.基于语文教材语料库的文本阅读难度分级关键因素分析与易读性公式研究 [J].语言文字应用，2020（1）：132-143.

[3] 王蕾.可读性公式的内涵及研究范式——兼议对外汉语可读性公式的研究任务 [J].语言教学与研究，2008（6）：46-53.

[4] 王鸿滨.汉语国际教育汉语文本分级及难度测查对比研究 [J].云南师范大学学报（对外汉语教学与研究版），2020，18（6）：1-14.

[5] 徐默凡.文本难度分级标准的研制和说明 [J].上海课程教学研究，2020（1）：49-56.

[6] 张京楣.基于统计方法的文本风格分析研究 [D].济

南：山东大学，2012.

[7] 邹一斌.上海市中小学汉语阅读文本分级标准研究报告 [J] .上海课程教学研究，2020（1）：44-48.

[8] 陈健珊.我国K12阶段中文分级阅读出版发展研究 [D].南京：南京大学，2021.

[9] 向紫琪.中国内地中文分级阅读研究 [D].武汉：华中师范大学，2022.

英文文献

[1] BADDELEY A D. Essentials of Human Memory[M]. Hove, England: Psychology Press,1999.

[2] CHALL J S. Stages of Reading Development[M]. New York: McGraw-Hill,1983.

[3] CLAY M M. Becoming Literate: The Construction of Inner Control [M]. Auckland, New Zealand: Heinemann Education,1991.

[4] FOUNTAS I C, PINNELL G S. Every Child, Every Classroom, Every Day: From Vision to Action in Literacy Learning [J]. The Reading Teacher,2018,72(1):7-19.

[5] FOUNTAS I C, PINNELL G S. Guided Reading: Good First Teaching for All Children [M]. Portsmouth,

NH: Heinemann Educational, 1991.

[6] FOUNTAS I C, PINNELL G S. Guided Reading: The Romance and the Reality [J]. The Reading Teacher, 2012, 66(4): 268-284.

[7] FOUNTAS I C, PINNELL G S. Matching Books to Readers: A Book List for Guided Reading, K3 [M]. Portsmouth, NH: Heinemann Educational,1999.

[8] GRIFFITH D, DUFFETT A. Reading and Writing Instruction in America's Schools [EB/OL]. (2018-07-17) [2020-09-17].https://fordhaminstitute.org/national/research/reading-and-writing-instruction-americas-schools.

[9] HIEBERT E. Changing Readers, Changing Texts: Beginning Reading Texts from 1960 to 2010 [J]. The Journal of Education, 2015,195(3): 1-13.

[10] MESMER H A. Tools for Matching Readers to Texts: Research-based Practices[M]. New York: Guilford Press,2008.

[11] MULLIS I V S, MARTIN M O, KENNEDY A M, et al. PIRLS 2011 Assessment Framework [R]. Boston: TIMSS&PIRLS International Study Center, Lynch School of Education, Boston College:14,2009.

[12] MUSTAFA A. The Benefits of Graded Reading [J]. International Jounal of Social Sciences & Educational

Studies,2017,3(4): 177-180.

[13] OECD. PISA 2018 Assessment and Analytical Framework [R]. Paris: OECD Publishing, 2019.